법화경 한글 사경 3

(제8 오백제자수기품~제14 안락행품)

김 현 준 옮김

법화경을 사경하면 제불께서 지켜주어
한량없는 공덕과 복 안정된 삶 얻게 되고
원하는 바 뜻과 같이 만족스레 성취하며
마침내는 신통력과 무생법인 증득하리

새벽숲

차 례 / 법·화·경·한·글·사·경

법화경 사경 발원문

시방세계에 가득하신 불보살님이시여 감사합니다.

부처님 잘 모시고 법화경의 가르침을 잘 받들며 살겠습니다.(3번)

세세생생 부처님과 법화경의 가르침을 잘 받들며 살겠습니다.(3번)

법화경 사경 입재일 : 불기 25　년　월　일　사경불자 :

開法藏眞言
개법장진언
옴 아라남 아라다(3번)

南無 一乘最上法門 妙法蓮華經
나무 일승최상법문 묘법연화경(3번)

제8 오백제자수기품
第八 五百弟子授記品

富樓那彌多羅尼子

그때 부루나미다라니자는 부처님께서 지혜의 방편으로 근기에 따라 법문을 설하신다는 것을 들었고, 장차 큰 제자들이 아뇩다라삼먁삼보리를 얻을 것이라고 수기하는 것을 들었으며, 부처님들께 자유자재한 신통력이 있다는 말씀을 듣고 마음이 매우 맑아졌으며 이루 말할 수 없는 기쁨을 느꼈다.

그는 자리에서 일어나 부처님 앞으로 나아가 머리를 부처님의 발에 대어 예배를 드린 다음, 한쪽에 물러나 잠시도 눈을 떼지 않고 존안을 우러러보며 생각하였다.

'부처님은 매우 거룩하고 특별하신 분으로,

세간 중생들의 다양한 성품에 수순하고 방편과 지혜로써 설법을 하여 중생들이 여러 가지 탐착(貪着)을 뿌리 뽑아 주시나니, 이러한 부처님의 공덕을 어찌 말로 다 표현하랴. 오직 세존만은 우리 깊은 마음속의 본원(本願)을 능히 아시리라.'

그때 부처님께서 비구들에게 이르셨다.

"너희들은 이 부루나미다라니자를 보고 있느냐? 나는 항상 그를 일러 '설법하는 사람 가운데 제일'이라 칭찬하였고, 그가 지닌 여러 가지 공덕을 칭찬하였다. 그는 부지런히 정진하면서 내 법을 지키고 보호하고 널리 폈느니라. 곧, 사부대중을 가르쳐 이롭고 기쁘게 하였으며, 부처님의 정법을 잘 해석하여 함께 수행하는 이들을 크게 이롭게 하였으니, 여래를 제외하고는 그의 설법하는 능력을 당할 자가 없느니라.

너희들은 부루나가 단지 내 법만을 지키고

보호하고 널리 편다고 생각하지 말라. 그는 과거세에도 90억 부처님의 처소에서 그 부처님들의 정법을 지키고 보호하고 널리 폈으며, 그 당시에도 역시 설법하는 사람 가운데 제일이었느니라.

또 부처님들이 설하신 공법(空法)을 명료하게 통달하였으며, 사무애지(四無礙智)를 얻어서 늘 한 점의 의혹 없이 자세하고도 청정하게 설법하였느니라. 그리고 보살의 신통력을 다 갖추어 목숨이 다하도록 청정하게 수행을 하였으므로, 부처님과 사람들은 그를 일러 '진실한 성문〔實是聲聞(실시성문)〕'이라 하였느니라.

부루나는 진실한 성문다운 방편으로 수백수천 무량 중생들을 이롭게 하였고, 한량없는 중생들을 교화하여 아뇩다라삼먁삼보리를 발하게 하였으며, 불국토를 정화하고자 늘 불사(佛事)를 행하고 중생을 교화하였느니라.

비구들아, 부루나는 과거 칠불(七佛) 당시에도 설

법하는 사람 가운데 제일이었고, 지금 내 처소에서도 설법하는 사람 가운데 제일이며, 이 현겁(賢劫) 중에 앞으로 나타나실 제불들 밑에서도 설법하는 사람 가운데 제일이 되어, 부처님들의 법을 지키고 보호하고 널리 펼 것이니라.

또한 현겁 이후 미래세의 무량무변한 부처님들의 법을 지키고 보호하고 널리 펴서 수많은 중생을 이롭게 하고 아뇩다라삼먁삼보리를 발하게 할 것이며, 불국토를 정화하고자 늘 부지런히 정진하고 중생들을 교화할 것이니라.

이렇게 점차 보살도를 갖추어서 무량아승지겁이 지난 뒤에 이 땅에서 아뇩다라삼먁삼보리를 얻게 되나니, 이름은 법명(法明)여래·응공·정변지·명행족·선서·세간해·무상사·조어장부·천인사·불세존이니라.

법명여래는 항하사만큼 많은 삼천대천세계를 하나로 만들어 자신의 국토로 삼나니, 칠보로 이루어진 땅은 평탄하기가 손바닥 같아서 산과 언덕과 계곡과 구릉이 없느니라. 그곳에는 칠보로 꾸민 누각이 가득 차 있고, 천궁(天宮)들이 가까이에 있어 인간과 천인들이 서로 바라보거나 사귈 수 있으며, 악도(惡道)가 없고 여인 또한 없으며, 중생들은 의지하는 바 없이 홀연히 화생(化生)을 하기 때문에 음욕이 없느니라. 또 큰 신통을 얻어 몸에서 광명이 나고 자유롭게 날아다니며, 뜻과 생각이 견고하고, 지혜롭게 정진하여 모두가 금빛 몸에 삼십이상을 스스로 갖추게 되느니라.

그 나라 중생들은 두 가지 음식으로 살아가나니, 하나는 법희식(法喜食)이요 다른 하나는 선열식(禪悅食)이니라. 또 한량없는 천만억 나유타에 이르는 보살들은 큰 신통과 사무애지를 얻어서 중생들을 잘 교화하며, 헤아릴 수 없이 많은 성문 모두는 삼명(三明)과 육신통(六神通)과 팔해탈(八解脱)을 갖추게 되나니, 그 불국토는 이와 같은 한량없는 공덕으로 장엄하게 이루어져 있느니라.

겁의 이름은 보명(寶明)이요, 나라의 이름은 선정(善淨)이며, 부처님의 수명은 무량아승지겁이요, 정법과 상법도 매우 오래 머무느니라. 그리고 그 부처님이 멸도하신 뒤에는 칠보탑이 온 나라에 가득 찰 만큼 많이 세워지게 되느니라."

세존께서는 거듭 게송으로 이르셨다.

비구들아 잘 들어라 불자들이 널리 펴고
터득하는 방편들은 가히 알기 어렵노라
작은 법을 좋아하는 어리석은 중생들이
큰 지혜를 두려워함 이미 아는 보살들은
성문이나 연각 되어 한량없는 방편으로
중생들을 교화하되 '나는 진짜 성문이요
매우 깊은 불도와는 실로 멀다' 말하면서
중생들과 함께하여 모두 도를 얻게 하되
게으름에 빠져있고 작은 법을 즐기는 이
장차 성불 할 수 있게 격려하고 인도한다

안으로는 은밀하게 보살행을 닦으면서
밖으로는 성문 모습 나타내어 행세하니
욕망 적고 나고 죽음 싫어하는 듯하지만
실제로는 불국토를 정화하는 보살이라
탐진치의 삼독 있음 중생에게 보여주고
삿된 소견 물든 모습 주저 없이 보여 준다
이와 같은 방편으로 중생들을 제도하니
내 제자들 나타낸 것 그 모두가 화현이다
그렇지만 사실대로 중생에게 말을 하면
마음 가득 의혹 품어 믿을 이가 없느니라
부루나는 과거 천억 부처님을 섬기면서
부지런히 도 닦으며 부처님 법 잘 지켰고
법 받들어 널리 펴며 무상 지혜 구했기에
제불들의 계신 데서 상수 제자 되었도다
다문(多聞)에다 지혜 있어 환희롭게 설법하면
중생들이 기뻐하고 일찍 없던 일이라며
피곤함을 잊은 채로 두루 불사(佛事) 도왔도다
큰 신통과 사무애지 두루 갖춘 부루나는

중생 근기 바로 알아 청정한 법 늘 설하고
바른 뜻을 널리 펴서 천억 중생 가르치니
그들 모두 편안하게 대승법에 머물렀고
부처님의 모든 국토 맑게 정화 되었도다
미래세도 많은 부처 친견하고 공양하며
바른 법을 보호하고 중생 위해 널리 펴서
부처님의 모든 국토 맑게 정화 함은 물론
여러 가지 방편으로 환희롭게 설법하여
헤아릴 수 없이 많은 중생들을 제도하고
부처님의 모든 지혜 성취토록 할 것이다
그 뒤에도 부루나는 모든 여래 공양하고
법보장(法寶藏)을 지키다가 마침내는 성불하니
그 이름은 법명(法明)이요 겁의 이름 보명(寶明)이며
칠보로써 잘 꾸며진 나라 이름 선정(善淨)이다
보살 대중 매우 많아 나라 안에 가득한데
모두 다들 대신통과 위엄 덕망 갖추니라
삼명(三明)에다 팔해탈과 사무애지 등을 갖춘
성문들이 무수하니 이들 모두 비구로다

그나라의 여러중생 음욕이미 끊어졌고
순수하게 화생(化生)하고 삼십이상 갖췄으며
법희식(法喜食)과 선열식(禪悅食)뿐 다른음식 생각없다
여인들도 없거니와 악도(惡道)또한 없음이니
지금여기 부루나는 모든공덕 갖추어서
어진성인 매우많은 청정국토 얻게된다
이런일이 한없지만 일부분만 말하노라

그때, 심자재(心自在)를 얻은 1천 2백 아라한들은 이렇게 생각하였다.

'우리들은 일찍이 경험하지 못한 환희로움을 느꼈다. 만일 세존께서 저 큰 제자들과 같이 우리들에게도 수기를 주신다면 얼마나 기쁘겠는가.'

부처님께서는 그들의 마음속 생각을 아시고 마하가섭에게 이르셨다.

"이 1천 2백 아라한들에게도 내 이제 차례대로 아뇩다라삼먁삼보리를 얻을 것이라는 수기를 주리라.

이들 가운데 나의 큰 제자인 교진여(僑陣如)비구는 앞으로 6만 2천억 부처님들을 공양한 뒤에 성불하리니, 이름은 보명(普明)여래·응공·정변지·명행족·선서·세간해·무상사·조어장부·천인사·불세존이니라.

그리고 우루빈나가섭(優樓頻螺迦葉)·가야가섭(伽耶迦葉)·나제가섭(那提迦葉)·가류다이(迦留陀夷)·우타이(優陀夷)·아누루타(阿耨樓馱)·이바다(離婆多)·겁빈나(劫賓那)·박구라(薄拘羅)·주타(周陀)·사가타(莎伽陀) 등의 5백 아라한들도 모두 아뇩다라삼먁삼보리를 얻어 다 같이 보명(普明)이라 이름하게 되느니라."

세존께서 거듭 게송으로 이르셨다.

교진여는 미래세에 무량부처 친견하고
아승지겁 지난뒤에 무상정각 이루나니
큰광명을 늘발하고 신통모두 구족함에
시방으로 이름떨쳐 모든이가 공경하고
위없는도 늘설함에 보명(普明)이라 하느니라

청정하기 그지없는 그 나라의 보살들은
묘한 누각 위에 올라 시방 국토 다니면서
가장 좋은 공양들을 제불들께 바친 다음
큰 기쁨을 가득 품고 잠깐 사이 돌아오니
이와 같은 신통력을 보살들은 갖고 있다
보명여래 그 수명은 육만겁에 이르는데
열반 뒤의 정법 기간 부처 수명 곱절이요
상법 또한 정법 기간 두 배가량 되느니라
부처님 법 사라지면 천인 인간 근심할새
범행 닦은 오백 비구 보명이란 이름으로
모두가 다 차례대로 성불함을 수기하니
'내가 멸도 하고 나면 아무개가 성불하여
이 세상을 교화함이 지금 나와 같다'한다
그 국토의 장엄함과 여러 가지 신통력과
보살이나 성문 능력 정법 상법 머무름과
많고 적은 수명들은 앞서 설한 바와 같다
가섭이여 자재 얻은 오백명의 비구들과
그 나머지 성문들도 이와 같이 될 것이니

여기 없는 이에게는 네가 전해 줄지어다

이때 부처님으로부터 수기를 받은 5백 아라한들은 크게 기뻐하면서 자리에서 일어나 부처님 앞으로 나아갔다. 그리고는 머리를 부처님의 발에 대고 예배드린 다음, 허물을 뉘우치고 스스로를 책망하였다.

"세존이시여, 저희는 늘 '이미 완전한 멸도를 얻었다'고 생각하였는데, 지금 알고 보니 지혜 없는 자들이나 다를 바가 없었나이다. 왜냐하면 마땅히 여래의 지혜를 얻어야 하거늘, 오히려 작은 지혜에 만족하고 있었기 때문입니다. 세존이시여, 비유를 들겠습니다.

⑤ 의주유衣珠喩

어떤 이가 친한 벗의 집에 갔다가 술에 취해 누워 자게 되었는데, 갑자기 관청의 일로 멀리 가게 된 친한 벗은 값을 따질 수 없을 정도로 비싼 보주(寶珠)를 술취한 이의 옷 속에 매어 주고 길을 떠났습니다.

그러나 술에 취해 자고 있었던 그는 전혀 알지 못하였고, 일어나서는 곧 유랑길에 올라 다른 나라로 갔습니다. 그는 옷과 음식을 구하기 위해 갖은 고생을 다 하였고, 조그마한 소득이 있으면 그것으로 만족하였습니다.

뒷날 친한 벗을 우연히 다시 만나게 되었을 때, 벗은 이렇게 꾸짖었습니다.

'이 못난 사람아, 어찌 옷과 음식 때문에 이 고생을 하고 있는가? 자네가 오욕(五欲)을 마음대로 즐기며 안락하게 살 수 있도록 하기 위해, 어느 해 어느 날에 아주 값비싼 보주를 자네 옷 속에 매어 두었는데, 지금도 그대로 있을 것이다. 자네가 그것을 알지 못한 채 살아남기 위해 온갖 고초를 다 겪었다니 참으로 어리석네. 이제라도 그 보주를 팔아 쓰면 원하는 것을 살 수 있고 부족함 없이 늘 풍족

하게 지낼 수 있을 것일세.'

부처님께서도 이와 같으시니, 세존께서는 보살로 계실 때 늘 저희를 교화하여 일체지(一切智)를 구하는 마음을 일으키게 하셨나이다. 그러나 저희는 완전히 잊어버리고 알지도 깨닫지도 못한 채 아라한의 도를 얻고는 스스로 멸도를 얻었다고 여겼으니, 먹고 살기 어려운 이가 조금만 얻는 바가 있어도 만족하는 것과 같았나이다.

그러나 일체지(一切智)를 구하는 서원만은 여전히 잃지 않고 있기에, 세존께서는 저희의 그 서원을 깨닫게 하고자 이렇게 말씀하셨나이다.

'비구들아, 너희가 얻은 것은 완전한 멸도가 아니다. 내 오랫동안 너희에게 부처님 되는 선근을 심게 하기 위해 방편으로 열반의 모습을 보였거늘, 너희는 그것을 얻고서 진정한 멸도를 얻었다고 생각한 것이니라.'

세존이시여, 저희는 이제서야 참다운 보살이 되어 아뇩다라삼먁삼보리를 얻으리라는 수기를 받게 되었으며, 이 인연으로 예전에 느껴 보지 못한 대환희를 느끼옵니다."

저희들은 '가장 높은 깨달음을 얻으리라'
수기 주는 편안하고 따스하온 말씀 듣고
이제까지 경험 못한 환희심을 느끼면서
무량지혜 지니오신 부처님께 예배하고
지난 시절 허물들을 모두 참회 했나이다
한량없는 불보(佛寶) 중에 조그마한 열반 얻고
어리석은 사람처럼 만족하며 지냈으니
이는 마치 가난한 이 친구 집을 찾았을 때
큰 부자인 그 친구가 좋은 음식 대접하고
빈궁한 이 잠이 들자 엄청나게 귀한 보주
옷 속에다 넣어준 뒤 말도 없이 떠나가니
그 사실을 모른 채로 잠에서 깬 빈궁한 이
이곳저곳 떠돌다가 멀리 타국 이르러서

옷과 음식 구하고자 온갖 고초 겪었지만
더 좋은 것 원치 않고 적게 얻어 만족할 뿐
옷 속 보주 있는 줄을 전혀 알지 못하다가
보배 구슬 줬던 친구 뒷날 다시 그와 만나
고생살이 책망한 뒤 옷 속 보배 알려주니
빈궁한 이 보주 보고 그지없이 기뻐한 뒤
재산 명예 욕락들을 누리면서 지냈지요
저희 또한 이 같아서 세존께서 긴 세월을
늘 불쌍히 여기면서 한결같이 교화하여
가장 높은 거룩한 원 능히 심어 주셨건만
저희들이 무지하여 깊은 뜻을 못 깨닫고
조그마한 열반 얻어 이루었다 자부하며
더 구하지 아니한 채 만족하고 지냈는데
이제 세존 저희들을 다시 깨워 주신 말씀
'너희들이 얻은 것은 참된 멸도 아니니라
가장 높은 부처 지혜 얻어야만 참 멸도다'
그리고는 저희에게 부처됨을 수기하고
오백제자 차례대로 성불함을 듣게되니

몸과 마음 환희롭고 그지없이 좋습니다

제9 수학무학인기품
第九 授學無學人記品

그때 아난(阿難)과 라후라(羅睺羅)는 생각하였다.

'우리도 수기를 받으면 얼마나 좋을까?'

그리고는 자리에서 일어나 부처님 앞으로 나아가 머리를 부처님의 발에 대어 예배드린 다음 아뢰었다.

"세존이시여, 저희도 자격이 있는 것은 아닌지요? 저희는 오직 부처님께만 귀의하고 있나이다. 또 일체 세간의 천인·인간·아수라들이, '아난은 늘 세존의 시자(侍者)로서 가르침을 잘 지키고 보호하고 있으며, 라후라는 세존의 아들이다'하면서 저희를 존경하고 있나이다. 부처님께서 저희에게 장차 아뇩다라삼먁삼보리를 얻으리라는 수기를 주신다면, 저희가 오랫동안 바라던 소원이 이루어지는 것이요 대중의 바람 또한 충족될 것이옵니다."

이때 아직 배울 것이 남아 있는 유학(有學)과 더 배울 것이 없는 무학(無學)의 성문 제자 2천 명도 모두 자리에서 일어나 세존 앞으로 나아갔다. 그리고는 오른쪽 어깨를 드러내고 일심으로 합장한 채 세존을 바라보면서 아난과 라후라의 소원과 같은 생각을 하며 한쪽에 서있었다.

이에 세존께서 아난에게 이르셨다.

"너는 오는 세상에 성불하리니 이름은 산해혜자재통왕(山海慧自在通王)여래·응공·정변지·명행족·선서·세간해·무상사·조어장부·천인사·불세존이니라. 마땅히 62억에 이르는 부처님들을 공양하고 그 부처님들의 가르침을 보호하고 지킨 뒤에 아뇩다라삼먁삼보리를 얻고, 20천만억 항하사만큼의 많은 보살들을 교화하여 아뇩다라삼먁삼보리를 얻게 하느니라.

그 나라의 이름은 상립승번(常立勝旛)이요, 국토는 유리로 이루어져 있어 청정하며, 겁 이름은 묘음변만(妙音徧滿)이니라. 그 부처님의 수명은 무량천만억 아승지겁이니, 어떤 이가 천만억 무량아승지겁 동안 헤아려도 능히 다 알 수가 없느니라. 정법은 부처님 수명의 두 배가 되는 기간 동안 세상에 머무르고, 상법은 정법의 두 배가 되는 기간 동안 세상에 머무느니라.

아난아, 이 산해혜자재통왕불은 시방의 무량천만억 항하사만큼 많은 부처님들의 찬탄과 칭송을 받게 될 것이니라."

세존께서 다시 게송으로 이르셨다.

내가 이제 여기 모인 대중에게 이르노니
부처님 법 잘 지키는 나의 제자 아난다는
한량없는 부처님을 공양한 뒤 정각 이뤄
그 이름을 산해혜자(山海慧自) 재통왕불(在通王佛) 이라 하고

맑고맑은 국토이름 상립승번 이라한다
통왕불은 항하사수 많은보살 교화하고
위덕(威德)커서 시방으로 이름널리 떨치나니
한량없는 수명얻음 중생애민 결과이다
그세상의 정법기간 부처수명 곱절이요
상법기간 또한길어 정법두배 이르나니
항하모래 수와같이 무수하게 많은중생
그부처님 법속에서 성불인연 심느니라

이때 대중 가운데 있던 새로 발심한 신발(新發)의보살(意菩薩) 8천명은 하나같이 이렇게 생각하였다.

'대보살들도 이와 같이 수기를 받는 것을 본 적이 없는데, 어떤 인연으로 많은 성문들이 이러한 수기를 받게 된 것일까?'

세존께서는 보살들의 생각을 아시고 이르셨다.

"선남자(善男子)들아, 나와 아난은 공왕불(空王佛)의 처소에서 아뇩다라삼먁삼보리심을 일으켰느니라. 그러나 아난은 항상 많이 듣는 것을 좋아하였고 나는 늘 부지런히 정진하였기 때문에, 내가 먼저 아뇩다라삼먁삼보리를 얻게 되었고 아난은 나의 법을 지키고 보호하게 된 것이다. 아난은 미래에도 많은 부처님들의 법을 지키고 보호하면서 수많은 보살들을 교화하여 성취시키나니, 그의 본래 서원이 이러하기 때문에 이와 같은 수기를 받게 된 것이니라."

아난은 소원대로 부처님께 수기를 받고 그 불국토의 장엄함까지 듣고는 이루 말할 수 없이 기뻐하였다. 그리고는 곧 과거세의 무량만억 부처님들의 법장(法藏)을 마치 지금 들은 것처럼 막힘없이 모두 기억해내었으며, 자신의 본래 서원도 알게 되었다.

이에 아난이 게송으로 아뢰었다.

거룩하신 세존이여 진정희유 하옵니다
지난세상 한량없는 부처님의 크신법을

마치 오늘 들은듯이 생각나게 해주시니
마음속의 의심들이 다사라져 버렸으니
부처님의 법가운데 편안하게 머물면서
방편으로 시자되어 불법 호지(護持) 하오리다

그때 세존께서 라후라에게 이르셨다.

"너는 오는 세상에 성불하리니 이름은 도칠보화(蹈七寶華)여래·응공·정변지·명행족·선서·세간해·무상사·조어장부·천인사·불세존이니라. 마땅히 시방세계의 티끌 수만큼 많은 부처님들을 공양할 것이며, 오늘날 나의 장자인 것처럼 늘 수많은 부처님의 장자로 태어날 것이니라.

이 도칠보화불의 국토장엄과 그 부처님 수명의 겁수(劫數), 그리고 교화하는 제자의 수, 정법과 상법이 세상에 머무는 기간 등은 저 산해혜자재통왕여래와 다를 바가 없으며, 이 통왕불의 장자로도 태어나나니, 이러한 일을 거친 다음에 아뇩다라삼먁삼보리를 얻게 되느니라."

세존께서 거듭 게송으로 이르셨다.

나의 태자 시절에는 장자(長子)였던 라후라가
내 성불 후 법을 받아 법의 아들 되었도다
오는 세상 한량없는 부처님들 친히 뵙고
부처님들 장자 되어 일심으로 도 닦으니
라후라가 행한 밀행(密行) 오직 나만 아느니라
지금 나의 장자 되어 중생에게 법을 펴서
억천만의 무량공덕 능히 닦아 이룩하고
불법 속에 안주하여 위없는 도 구하노라

이때 세존께서는 유학(有學)·무학(無學) 2천 명이 부드럽고 고요하고 청정한 생각을 품고 일심으로 부처님을 우러러 보고 있음을 아시고 아난에게 이르셨다.

"너는 유학과 무학 2천 명을 보느냐?"

"예, 이미 보았나이다."

"아난아, 이들은 장차 50세계(世界)의 티끌 수만큼 많은 부처님들을 공양하고 공경하고 존중하면서 그 부처님들의 법을 지키고 보호한 다음에 시방세계에서 최후의 몸으로 한꺼번에 성불하리니, 이름은 모두가 보상(寶相)여래·응공·정변지·명행족·선서·세간해·무상사·조어장부·천인사·불세존이니라. 보상여래들의 수명은 모두가 1겁이요, 국토들의 장엄과 성문과 보살과 정법과 상법 등도 다 같으니라."

세존께서 게송으로 이르셨다.

앞에 있는 이천 명의 유학 무학 성문에게
장차 오는 세상에서 부처됨을 수기하니
한량없이 많은 부처 공양하고 공경하며
그 부처님 깊은 법을 보호하고 지킨 뒤에
시방세계 곳곳에서 각각 정각(正覺) 이루지만
모두가 다 한꺼번에 한 이름을 갖느니라

한날한시 도량에서 무상지혜 깨달은뒤
寶相
보상이라 이름하며 국토장엄 제자수효
정법상법 기간등도 모두가다 같으니라
이부처들 신통으로 시방중생 제도하여
이름두루 떨친다음 참열반에 드느니라

그때 유학과 무학 2천 명의 비구는 부처님의 수기 주심을 듣고 뛸듯이 기뻐하며 게송으로 아뢰었다.

밝고환한 등불이신 지혜로운 세존이여
수기주는 그음성을 저희들이 듣게되니
온마음이 환희롭고 즐거움이 가득하며
감로수를 마신듯한 상쾌함을 느낍니다

제10 법사품
第十 法師品

그때 세존께서 약왕보살(藥王菩薩)과 8만 대사(大士)들에게 이르셨다.

"약왕아, 이 대중 가운데 있는 한량없는 천·용·야차·건달바·아수라·가루라·긴나라·마후라가·인비인·비구·비구니·우바새·우바이, 그리고 성문을 구하는 이, 벽지불을 구하는 이, 부처가 되고자 하는 이들이 보이느냐?

이 무리들 중에 부처님 앞에서 묘법연화경(妙法蓮華經)의 가르침 한 게송 한 구절을 듣고, 오로지 일념으로 기뻐하는 이에게는 내 모두 수기를 주어 아뇩다라삼먁삼보리를 얻게 할 것이니라."

부처님께서 또 약왕보살에게 이르셨다.

"어떤 이가 여래가 멸도(滅度)한 뒤에 묘법연화경의 한 구절 한 게송만이라도 듣고 일념으로 기뻐하면 그에게도 장차 아뇩다라삼먁삼보리를 얻는다는 수기를 줄 것이니라.

또 약왕아, 어떤 이가 묘법연화경의 가르침의 한 게송이라도 받아 지녀서 읽고 외우고 사경하고 남에게 설하거나, 이 경을 마치 부처님을 공경하듯이 하여 온갖 꽃과 영락, 가루 향과 바르는 향과 사르는 향, 천개(天蓋)·깃발·의복·기악 등으로 공양하거나 합장하고 공경하면, 약왕아, 이러한 이들은 일찍이 10만억 부처님들께 공양하여 그 부처님들 밑에서 큰 서원(誓願)을 이루었으나, 중생들을 불쌍히 여기는 까닭에 이 인간 세상에 난 이들임을 분명히 알아야 하느니라.

약왕아, 만일 어떤 이가 '어떤 중생이 오는 세상에 성불하게 되는가?' 하고 묻거든, '이런 사람이 성불하게 된다'고 분명하게 대답하여라. 무슨 까닭인가? 선남자 선여인이 법화경을 한 구절이라도 받아 지녀서 읽고 외우고 사경하고 남에게 설하거나, 이 경에 꽃과 영락, 가루향과 바르는 향과 사르는 향, 천개·깃발·의복·기악 등으로 공양하고 합장하고 공경하면, 이러한 이는 일체 세간이 우러러 받들 것이요, 여래에게 공양하듯이 공양을 할 것이기 때문이다.

마땅히 알아라, 이 사람은 아뇩다라삼먁삼보리를 성취한 대보살이지만, 중생들을 어여삐 여기는 까닭에 스스로 인간 세상에 태어나기를 발원하여 묘법연화경을 잘 분별하고 설하는 것이니라. 하물며 이 경 전체를 다 받아 지니고 여러 가지로 공양하는 사람이야 말할 것이 있겠느냐?

약왕아 마땅히 알지니, 이 사람은 중생들을 가엾이 여겨 자신의 청정업보(清淨業報)를 스스로 버리고 악한 세상에 태어나 법화경을 널리 설하고 있는 것이니라.

만일 선남자 선여인이 내가 멸도한 뒤에 단 한 사람에게라도 법화경의 한 구절을 설해 준다면, 이 사람은 곧 여래께서 보낸 여래의 사자(使者)요 여래의 일을 하는 이라는 것을 분명히 알아야 하느니라. 하물며 대중들 앞에서 이 경을 널리 설하는 이야 더 말할 것이 있겠느냐?

약왕아, 어떤 악인(惡人)이 나쁜 마음으로 1겁(劫)동안이나 부처님 앞에서 늘 부처님을 헐뜯고 욕하여도 오히려 그 죄는 가벼우며, 어떤 이가 단 한 마디 나쁜 말로 재가자든 출가자든 법화경을 읽고 외우는 이를 헐뜯는다면 그 죄는 매우 크고 무겁느니라.

약왕아, 잘 알아라. 법화경을 읽고 외우는 이는 여래의 장엄으로 자신을 장엄하는 이로서 여래의 어깨에 올라가 있는 사람이니, 그가 이르는 곳마다 따라가며 예배를 하면서 일심으로 합장하고 공경하고 공양하고 존중하고 찬탄하되, 꽃과 영락, 가루 향과 바르는 향과 사르는 향, 천개·깃발·의복·음식·기악 등 인간 세상의 가장 뛰어난 공양물로 공양을 해야 하느니라. 또한 천상의 보배를 그 위에 흩뿌리고, 천상의 보배덩이를 바쳐야 하느니라.

왜냐하면 이 사람이 기쁜 마음으로 법을 설할 때, 그 설법을 잠깐이라도 들으면 마침내 아뇩다라삼먁삼보리를 얻게 되기 때문이니라."

세존께서 거듭 게송으로 이르셨다.

불도 속에 머물면서 자연지(自然智)를 이루려면
법화경을 수지한 이 부지런히 공양하라
부처님의 일체종지(一切種智) 속히 얻기 원하거든
법화경을 수지한 이 부지런히 공양하라

만일 어떤 이가 있어 법화경을 수지하면
使者
그가 바로 부처님이 보내주신 사자이니
중생들을 불쌍하게 생각하는 보살이다
법화경을 수지한 이 원하는 곳 어디든지
마음대로 태어나나 청정국토 다 버리고
惡世
불행 속의 중생 위해 이 악세에 태어나서
最上法
최상법인 법화경을 널리널리 설하나니
하늘 꽃과 하늘 향과 하늘나라 보배옷 등
묘한 보물 다 모아서 공양해야 하느니라
내가 멸도 하고난 뒤 악한 세상 되었을 때
법화경을 수지한 이 부처님을 공양하듯
마음 깊이 정성 다해 합장하고 공경하며
여러 가지 좋은 음식 가지가지 의복으로
그 불자를 공양하며 잠시라도 법 들어라
미래세에 법화경을 수지하고 있는 이는
여래의 일 행하도록 내가 보낸 사람이다
일겁이나 되는 세월 항상 악한 마음 품고
부처님을 욕했을 때 받는 무량 죄업보다

법화경을 수지하여 읽고 외는 이를 향해
잠시 악담 하였다면 그 죄업이 더욱 크다
만약 불도(佛道) 구하는 이 내 앞에서 합장하고
일겁동안 한량없는 게송으로 찬탄하면
그 사람이 얻는 공덕 한량없이 많겠지만
법화경을 수지한 이 잠시라도 찬탄하면
이 사람이 얻는 복덕 이것보다 더욱 크다
팔십 억겁 한결같이 가장 좋은 물건 음성
향기 맛과 감촉 모아 공양하는 것보다도
법화경을 수지한 이 정성 다해 공양한 뒤
잠시라도 법 들으면 더 큰 이익 얻느니라
약왕이여 그대에게 사실대로 이르노니
내가 설한 경전 중에 법화경이 으뜸이다

부처님께서 약왕보살에게 이르셨다.

"내가 과거에 이미 설하였고 지금도 설하고 앞으로도 설할 경전이 무량천만억이나 되지만, 그 모든 경전 중에 법화경이 가장 믿기 어렵고 이해하기 어렵느니라.

약왕아, 이 경전은 제불의 비밀 법장〔諸佛秘要之藏〕이니, 함부로 사람들에게 퍼뜨리지 말라. 모든 부처님께서 수호하는 경전으로, 예로부터 아직껏 드러내어 놓고 설한 적이 없었느니라. 여래가 현존해 있을 때에도 이 경전에 대해 원망하고 미워하는 이가 많거늘, 여래가 멸도한 다음에야 어떠하겠느냐?

약왕아, 여래가 멸도한 뒤에, 이 경을 사경하고 독송하고 공양하고 남을 위해 설하는 이는 여래의 옷을 입고 있는 것과 같나니, 다른 국토에 계시는 여러 부처님들도 보호하고 지켜주느니라. 이 사람에게는 대신력(大信力)과 지원력(志願力)과 선근력(善根力)이 있나니, 마땅히 알아라. 그는 여래와 함께 지내는 이요, 여래가 손으로 머리를 쓰다듬어 주는 이이니라.

약왕아, 어디에서든지 이 경을 설하거나 읽거나 외우거나 쓰거나, 이 경전이 있는 곳에는 지극히 높고 큰 칠보탑을 세워 아름답게 꾸밀 것이요, 오히려 사리는 봉안하지 않아도 되느니라. 왜냐하면 이 경전 속에 이미 여래의 전신(全身)이 계시기 때문이니라.

그러므로 이 탑을 꽃과 향과 영락·천개·깃발·기악·노래 등으로 공양하고 공경하고 존중하고 찬탄해야 하나니, 만일 어떤 이가 이 탑에 예배하고 공양하면, 그가 아뇩다라삼먁삼보리에 가까이 있다는 것을 알아야 하느니라.

약왕아, 재가인이든 출가인이든 보살도를 행하는 사람들로서 이 법화경을 보고 듣고 독송하고 사경하여 지니고 공양하지 않는다면 그는 보살도를 잘 행하지 못하는 이요, 이 경전을 얻어 듣고 능히 실천하여야 보살도를 잘 행하는 이라고 할 수 있느니라.

불도를 구하는 중생 가운데 법화경을 보고 들은 뒤에 믿고 이해하고 수지하는 이가 있으면, 마땅히 알아라. 그는 아뇩다라삼먁삼보리에 가까이 다가서 있느니라.

약왕아, 비유컨대 어떤 목마른 사람이 물을 구하기 위해 높은 언덕에서 우물을 판다고 하자. 이때 마른 흙이 보이면 아직 물길이 멀리 있음을 알고 공을 들여 계속해서 팔 것이다. 그러다가 차츰 젖은 진흙이 많아짐을 보게 되면 드디어 물이 가까이에 있음을 알게 되느니라.

보살 또한 이와 같아서, 만약 보살로서 이 법화경을 듣지도 못하고 이해하지도 못하고 닦아 익히지도 못한다면, 그는 아직 아뇩다라삼먁삼보리에서 멀리 있다는 것을 알아야 하고, 만일 법화경을 듣고 이해하고 깊이 생각하고 닦아 익힌다면, 그는 아뇩다라삼먁삼보리에 가까이 있느니라. 왜냐하면 일체 보살의 아뇩다라삼먁삼보리는 모두 이 경전에 속하여 있기 때문이니라.

이 경전은 방편문(方便門)을 열고〔開〕 모든 법의 진실상(眞實相)을 보여주나니〔示〕, 법화경장(法華經藏)은 깊고 견고하고 심오하여 능히 도달하는 이가 드물지만, 지금 부처님께서 보살들을 교화하여 성취시키기 위해 열어 보이는 것〔開示〕이니라.

약왕아, 만일 어떤 보살이 이 법화경을 듣고는 놀라고 의심하고 두려워한다면, 마땅히 알아라. 그는 증상만(增上慢)을 품은 오만한 자이니라.

약왕아, 만일 선남자 선여인이 여래가 멸도한 뒤에 사부대중을 위해 이 법화경을 설하고자 하면, 마땅히 어떻게 해야 하겠느냐?

이 선남자 선여인은 여래의 방에 들어가〔入如來室〕 여래의 옷을 입고〔著如來衣〕 여래의 자리에 앉아〔坐如來座〕 사부대중에게 이 경전을 널리 설해야 하나니, 여래의 방은 일체 중생에 대한 대자비심(大慈悲心)이요, 여래의 옷은 부드럽고 온화하고 인욕하는 마음인 유화인욕심(柔和忍辱心)이며, 여래의 자리는 모든 것이 공한 일체법공(一切法空)이니라.

그러므로 이 가운데 편안히 머문 다음에 게으르지 않은 마음으로 모든 보살과 사부대중을 위해 법화경을 널리 설해야 하느니라.

약왕아, 그리하면 내 어느 국토에 있을지라도, 설법자를 위해 신통력으로 만든 사람을 보내어서 설법 들을 이들을 모으게 할 것이요, 신통력으로 만든 비구·비구니·우바새·우바이들을 보내어서 그 설법을 듣게 하리니, 그러면 그들은 그 설법을 듣고 믿고 순종하고 따를 뿐 거역하지 않느니라.

또 만일 설법자가 한적한 수행처에 있으면 천·용·귀신·건달바·아수라 등을 보내어 설법을 듣게 할 것이요, 내가 비록 다른 국토에 있을지라도 설법자로 하여금 때때로 내 몸을 보게 할 것이며, 만일 그가 이 경의 한 구절이라도 잊게 되면 내 즉시 그에게 설하여 분명히 알게 할 것이니라."

세존께서 거듭 게송으로 이르셨다.

나쁜마음 남김없이 버리고자 할진대는

모름지기 법화경의 가르침을 들을지니

이 경전은 듣고 믿고 수지하기 어렵지만

비유컨대 목마른이 언덕에서 우물팔때

마른 흙이 나올지면 물이 아직 먼 줄 알고

젖은 흙이 나타나면 물가까움 알 수 있다

약왕이여 알지어다 많고 많은 모든사람

법화경을 못 듣는 이 부처 지혜 아주 멀고

법화경을 듣게 되면 성문법(聲聞法)을 끝마치며

으뜸가는 이 경전을 듣고 생각 하는 이는

불지혜(佛智慧)에 가까웠음 분명하게 알지어다

법화경을 설하려면 여래 방에 들어가서

여래 옷을 착용하고 여래 자리 높이 앉아

대중에게 걸림 없이 자세하게 설할지니

대자비(大慈悲)로 방을 삼고 유화인욕(柔和忍辱) 옷을 삼고

법(法)의 공(空)함 자리 삼아 법화경을 설법하라

이 경전을 설할 때에 누가 와서 욕하거나

칼과 막대 돌 등으로 찌르거나 던지어도

부처님을 생각하며 능히 참고 또 참아라
한량없이 많고 많은 천만억의 국토마다
청정하고 아주 강한 나의 몸을 나타내어
오랜 억겁 중생 위해 법화경을 설했노라
만일 내가 멸도한 뒤 누가 이 경 설한다면
비구들과 비구니와 우바새와 우바이를
내가 모두 보내어서 그 법사를 공양하고
많은 중생 인도하여 법 듣도록 할 것이다
만일 어떤 사람 있어 악한 마음 가지고서
칼과 막대 기와 돌로 해치면서 욕을 하면
신통으로 만든 사람 보내어서 지켜주고
또한 만일 그 법사가 사람소리 안 들리는
적막한 곳 혼자 살며 법화경을 독송하면
나는 이때 청정하고 빛나는 몸 나타내어
한 구절만 잊게 되도 즉시 설해 알게 한다
덕을 갖춘 어떤 이가 대중 위해 설법하고
한적한 곳 거주하며 법화경을 독송하면
그 모든 이 나의 몸을 볼 수 있게 되느니라

또 법사가 한적한 곳 머물면서 설법하면
천 용 야차 귀신 보내 법문 듣게 하느니라
부처님의 옹호 속에 그 법사가 유창하고
걸림없이 법 설하니 대중 모두 기뻐한다
이 법사와 함께 하면 보살도를 빨리 얻고
법사 따라 잘 배우면 제불 친견 하느니라

제11 견보탑품
第十一 見寶塔品

그때 부처님 앞에 높이 5백 유순(由旬)이요 둘레 250유순이나 되는 칠보탑이 땅에서 솟아올라와 공중에 머물렀다.

그 칠보탑은 갖가지 보물로 장식되어 있었으니, 5천의 난간과 천만 개의 감실(龕室)이 있고, 무수한 깃발과 보배 영락이 드리워져 있으며, 수만 억의 보배 방울이 달려 있었다. 또 사면에서는 다마라발전단향의 향기가 풍겨 나와 온 세계를 가득 메웠으며, 금·은·유리·자거·마노·진주·매괴 등의 칠보로 만든 탑 위의 천개(天蓋)는 우뚝 솟아 사천왕천의 궁전에까지 이르렀다.

삼십삼천(三十三天)에서는 천상의 만다라꽃을 비 내리듯이 뿌려 보탑에 공양하였고, 천·용·야차·건달바·아수라·가루라·긴나라·마후라가·인비인(人非人)들은 갖가지 꽃과 향과 영락과 천개와 음악 등으로 보탑에 공양하면서 공경하고 존중하고 찬탄하였다.

그때 칠보탑 속에서 찬탄하는 큰 음성이 울려나왔다.

"착하고 훌륭하도다. 석가모니 세존이여. 평등한 대지혜요〔平等大慧(평등대혜)〕 보살을 가르치는 법이요〔教菩薩法(교보살법)〕 부처님들이 보호하고 살피는〔佛所護念(불소호념)〕 묘법연화경을 대중을 위해 설했나니, 석가 세존의 설하신 바는 모두가 진실되도다."

그때 사부대중은 큰 보탑이 공중에 머물러 있음을 보고 탑 속에서 들려오는 음성을 듣고는, 모두가 법의 환희로움을 얻고 매우 드문 일이라 생각하여, 자리에서 일어나 합장하고 한쪽으로 물러나 있었다.

그때 대요설보살(大樂說菩薩)은 일체 세간의 천인과 인간과 아수라 등의 마음속 의심을 알고 부처님께 여쭈었다.

"세존이시여, 무슨 까닭으로 보탑이 땅에서 솟아올랐으며, 그 속에 큰 음성이 울려 나온 것입니까?"

부처님께서 대요설보살에게 이르셨다.

"이 보탑 속에는 여래의 전신(全身)이 계시느니라. 아득한 옛날, 동쪽으로 한량없는 천만억의 세계를 지나면 보정(寶淨)이라는 나라가 있었고, 그 나라에 다보(多寶)라는 부처님이 계시나니, 그 부처님은 보살도를 행할 때 큰 서원을 세웠느니라.

'내가 만일 성불하고 멸도한 뒤에, 시방 국토 어디서든 법화경을 설하는 곳이 있으면, 나의 탑이 그 앞에 솟아올라 법화경의 가르침을 듣고, 그 설법을 증명하면서 훌륭하다고 찬탄하리라.'

그 부처님은 성불한 뒤 멸도를 할 때가 다가오자, 천인과 인간과 비구들에게 이렇게 이르셨느니라.

'내가 멸도를 한 뒤 나의 전신에 공양을 하고자 하면 마땅히 하나의 큰 탑을 세워야 하느니라.'

다보여래는 시방세계 어디서든 법화경을 설하는 곳이 있으면 신통력과 원력으로 그 앞에 보탑을 솟아나게 하고, 탑 안에 계시면서 훌륭하다고 찬탄을 하시느니라.

대요설아, 여기 이 다보여래탑은 법화경을 듣기 위해 땅에서 솟아오른 것이며, 지금 '훌륭하다'는 찬탄을 하고 계심이니라."

이때 여래의 신력을 입은 대요설보살이 부처님께 아뢰었다.

"세존이시여, 원하옵건대 저희로 하여금 다보여래의 모습을 친견할 수 있게 하여 주옵소서."

부처님께서 대요설보살에게 이르셨다.

"이 다보여래께는 깊고도 중대한 원이 있느니라.

'법화경을 듣기 위해 내 보탑을 제불 앞에 나타내었을 때 나의 몸을 사부대중에게 보이고자 한다면, 시방세계에서 설법하고 있는 그 부처님의 분신불(分身佛)들을 모두 한 자리에 모이게 한 다음에야 나의 몸을 나타내어 보이리라.'

대요설아, 내 이제 시방세계에서 설법을 하고 있는 나의 분신불들을 모두 모을 것이다."

대요설보살이 부처님께 아뢰었다.

"세존이시여, 저희들 또한 세존의 분신불들을 친견하여 예배하고 공양하기를 원하옵니다."

이에 부처님께서 미간의 백호(白毫)로부터 한줄기 광명을 발하시자, 곧 5백만억 나유타(那由他) 항하사만큼 많은 동방의 국토들에 있는 부처님들이 보였다. 그 국토들의 땅은 모두 파리(玻璃)로 이루어져 있었고, 보배 나무와 보배 옷으로 장엄되어 있었으며, 천만억의 무수한 보살들이 그 안에 가득하고, 보배 휘장과 보배 그물이 둘러쳐져 있었다. 또 그 국토의 부처님들은 크고 묘한 음성으로 법을 설하셨고, 한량없이 많은 천만억 보살들이 국토마다 가득 차 중생들을 위해 설법을 하고 있는 것이 보였다.

남쪽·서쪽·북쪽과 사유(四維)와 상·하 등, 부처님의 백호 광명이 비치는 곳의 모습은 모두 이와 같았다.

그때 시방의 분신불들이 여러 보살들에게 각기 이르셨다.

"선남자들아, 내 이제 저 사바세계의 석가모니불이 계신 곳으로 가서 함께 다보여래의 보탑에 공양할 것이다."

그러자 사바세계가 곧 청정하게 변하였다. 땅은 유리로 되고, 보배나무가 즐비하게 들어섰으며, 여덟 갈래로 뚫린 길은 황금줄로 장식되어 있었다. 또 촌이나 도성의 모든 집이 없어졌고 바다·강·시내·산·숲도 없어졌다. 큰 보배향이 타오르고 만다라꽃이 땅을 덮었으며, 그 위로 보배 그물과 장막이 둘러쳐져 있고 갖가지 보배 방울이 매달려 있었다.

또 이 법회에 참석하는 대중을 제외한 나머지 중생들은 모두 다른 국토로 옮겨졌다.

이때 모든 분신불이 각기 대보살 한 명을 시자(侍者)로 삼아 사바세계의 보배나무 아래로 오셨다. 높이 5백 유순이나 되는 보배나무에는 가지와 잎과 꽃과 과일이 차례차례 달려 있었고, 그 나무들 아래에는 큰 보석으로 장식된 높이 5유순의 사자좌(獅子座)가 마련되어 있었다.

사바세계로 오신 분신불들이 각기 그 자리에 결가부좌(結跏趺坐)하여 차례로 앉게 되자 삼천대천세계(三千大千世界)가 가득 찼다. 그러나 한쪽 방향에서 온 석가모니 분신불조차도 다 앉지 못하셨다.

이에 석가모니불은 모든 분신불들을 다 앉

게 하고자 팔방의 2백만억 나유타 국토를 청정하게 만들었는데, 지옥·아귀·축생과 아수라가 없어졌고, 천인과 인간들은 다른 국토로 옮겨졌다.

신통력으로 만든 이 국토들 또한 유리로 되어 있었고, 그 위에는 보배 나무가 즐비하였다. 높이 5백 유순이나 되는 보배 나무들에는 가지와 잎과 꽃과 열매가 차례로 달려 있었고, 그 나무들 아래에는 보석들로 장식된 높이 5유순의 사자좌가 마련되어 있었다. 또 바다와 강과 목진린타산·마하목진린타산·철위산(鐵圍山)·대철위산(大鐵圍山)·수미산(須彌山) 등과 같은 큰 산이 없는, 하나의 불국토〔一佛國土〕가 이루어졌다. 그 땅은 평평하고 반듯하였는데, 위로는 보배로 짠 휘장이 덮여 있고 갖가지 깃발이 달려 있었다. 또 큰 보배향이 타오르고 여러 하늘의 귀한 꽃들이 땅을 두루 덮고 있었다.

석가모니불은 모든 분신불이 다 와서 앉을

수 있게 하고자, 또 다시 팔방의 2백만억 나유타 국토를 바꾸어 청정하게 만들었는데, 그곳에도 지옥·아귀·축생과 아수라는 없었고, 천인들과 인간들은 다른 국토로 옮겨졌다.

신통력으로 만들어진 그 국토들 또한 유리로 되어 있었고, 그 위에는 보배 나무가 즐비하였다. 높이 5백 유순이나 되는 보배 나무에는 가지와 잎과 꽃과 열매가 차례로 달려 있었고, 그 나무들 아래에는 갖가지 보석으로 장식된 높이 5유순의 사자좌가 마련되어 있었다. 또 바다와 강과 목진린타산·마하목진린타산·철위산·대철위산·수미산 등의 큰 산들이 없는 하나의 불국토가 이루어졌다. 그 땅은 평평하고 반듯하였는데, 그 위로는 보배로 짠 휘장이 덮여 있고 갖가지 깃발이 달려 있었다. 또 큰 보배향이 타오르고, 여러 하늘의 귀한 꽃들이 땅을 두루 덮고 있었다.

그때 동방의 백천만억 나유타의 항하사만

큼 많은 국토에 있던 석가모니 분신불들이 이곳으로 모였으며, 이와 같이 차례로 시방의 모든 분신불들이 다 오시어 팔방에 앉으셨다. 마침내 각 방위마다 4백만억 나유타 국토의 부처님들로 가득 채워졌다.

각기 보배 나무 아래 사자좌에 앉으신 분신불들은 석가모니불께 문안을 여쭙고자 데리고 온 시자의 두 손에 보배 꽃을 가득 안겨 주시며 이르셨다.

"선남자야, 기사굴산의 석가모니불이 계신 곳으로 가서 이렇게 여쭈어라.

'병환 없고 걱정 없고 기력이 안락하시옵니까? 보살과 성문들도 다 안온하옵니까?'

그리고는 이 보배 꽃을 뿌려 부처님께 공양한 뒤 다시 이렇게 아뢰어라.

'저 아무 부처님은 이 보배탑이 열리기를 바라고 있나이다.'"

모든 부처님들은 시자를 보내어 이와 같이

하였다.

그때 석가모니불은 모든 분신불들이 다 모여 각기 사자좌에 앉아 계신 것을 보시고, 보탑을 열기를 바란다는 부처님들의 말씀을 들은 다음, 곧바로 자리에서 일어나 허공에 머무셨으며, 모든 사부대중은 자리에서 일어나 합장하고 일심으로 부처님을 우러러 보았다.

석가모니불께서 오른손으로 칠보탑의 문을 열자, 마치 굳게 잠겨 있던 성문의 빗장이 벗겨지는 것과 같은 큰 소리가 났다.

그 순간 법회에 참여한 모든 대중은 보탑 속의 사자좌 위에서 선정(禪定)에 드신 듯이 고요히 앉아계신 다보여래를 보게 되었다.

또 "훌륭하고 거룩합니다. 석가모니불이 법화경을 잘 설하시기에 이 경을 듣고자 이곳에 왔습니다."하는 말씀도 듣게 되었다.

과거 무량 천만억 겁 전에 멸도하신 부처님께서 이와 같이 말씀하시는 것을 본 사부대중은 일찍이 없었던 일이라 감탄하면서, 하늘의 보배꽃더미를 다보불과 석가모니불 위에 뿌렸다.

그때 다보불께서는 보탑안 당신의 자리 반을 석가모니불께 내어주며 이르셨다.

"석가모니불이여, 이 자리에 앉으십시오."

이에 세존께서는 곧 탑 속으로 들어가 그 자리에 결가부좌를 하고 앉으셨다.

대중들은 두 여래께서 칠보탑 안의 사자좌에 결가부좌로 앉아 계신 것을 보고 저마다 생각하였다.

'두 부처님의 자리는 너무나 높고 멀구나. 원컨대 여래께서는 신통력으로 저희도 허공에 머물 수 있게 하여주소서.'

이에 석가모니불이 신통력으로 대중들 모두를 허공에 머물 수 있게 하셨다. 그리고는 큰 음성으로 사부대중에게 이르셨다.

"누가 있어 이 사바세계에서 묘법연화경을

널리 잘 설할 수 있겠는가? 지금이 바로 그때이니라. 나는 머지않아 열반에 들 것이기에 이 묘법연화경을 부촉(付囑)하려 하노라."

세존께서는 이 뜻을 거듭 밝히고자 게송으로 이르셨다.

성주(聖主)이신 다보불은 멸도(滅度)한지 오래지만
보탑 속에 계시면서 법을 위해 오셨거늘
어찌하여 부지런히 법을 아니 구하는가
이 부처님 멸도한 지 무수겁을 지났지만
모든 곳은 찾아가서 항상 법문 듣는 뜻은
법화경의 설법처를 찾기 힘든 까닭이요
'열반에 든 뒤에라도 법화경을 설법하면
꼭 찾아가 들으리라' 서원했기 때문이다
또한 나의 분신으로 항하 모래 만큼 많은
한량없는 부처님은 여기 와서 법도 듣고
오래 전에 열반하신 다보여래 뵙기 위해
아주 좋은 그 국토와 일체 모든 제자들과

천인 인간 용과 신의 온갖 공양 다 버리고
불법 길이 남게 하려 이곳으로 왔느니라
그 분신불 앉게 하려 나는 신통 나타내어
무량 중생 옮긴 다음 청정 국토 만들었다
연못들을 맑고 맑은 연꽃으로 장엄하듯
보배나무 아래마다 부처님들 이르러서
사자좌에 앉으시어 광명으로 장엄하니
어둔 밤에 타오르는 횃불처럼 환히 밝고
몸에서 난 묘한 향기 시방세계 가득하며
향기 맡은 모든 이들 환희로움 넘치나니
큰 바람이 작은 가지 뒤흔들 듯 함과 같은
크고 좋은 방편으로 불법 오래 남게 한다
대중에게 이르노니 내가 멸도 하고 나서
누가 이 경 호지(護持)하고 독송하고 설할건가
지금 이곳 불전(佛前)에서 스스로들 맹세하라
여기 계신 다보불은 멸도한 지 오래이나
큰 서원을 세웠기에 사자후를 하셨도다
다보불과 나는 물론 여기 모인 분신불은

하나같이 그 깊은 뜻 모두 알고 있느니라
불자들 중 누가 있어 이 경 능히 지킬 건가
큰 서원을 당장 발해 길이길이 간직하라
누구든지 법화경을 능히 지켜 보호하면
나를 향해 공양함이 되는 것은 물론이요
법화경을 위하기에 보탑 속에 계시면서
시방세계 다니시는 다보불도 공양하고
시방 모든 세계들을 광명으로 장엄하는
여기 오신 분신불도 공양함이 되느니라
또한 이 경 설하는 이 나를 보게 될 것이요
다보불과 분신불도 친견하게 되느니라
선남자여 큰 서원은 일으키기 어렵나니
신중하게 생각하고 거듭 생각 할지어다
항하 모래 만큼 많은 다른 경전 다 설함도
이 경 하나 설함보다 어렵다고 할 수 없고
수미산을 들어다가 수도 없는 여러 곳의
불국토를 옮기는 것 어렵다고 할 수 없다
발가락을 놀리어서 대천세계 들어다가

면국토에 던지는일 어렵다고 할수없고
가장높은 하늘올라 한량없는 다른경전
중생위해 설법해도 어려운일 아니지만
부처님이 멸도한뒤 미래악한 세상에서
법화경을 설하는것 실로가장 어렵도다
만일어떤 사람있어 맨손으로 허공잡고
자유롭게 노닐어도 어려운일 못되지만
내멸도후 법화경을 그가직접 사경하고
남들에게 쓰게함은 그지없이 어렵도다
어떤사람 큰땅덩이 발톱위에 올려놓고
범천까지 올라가도 어려운일 아니지만
부처님이 멸도한뒤 악한세상 태어나서
이경잠깐 읽는것은 실로매우 어렵도다
건초더미 짊어지고 겁화(劫火)속에 뛰어들어
몸과풀이 안타는것 어려운일 못되지만
내가열반 보인뒤에 법화경을 가지고서
단한사람 가르치기 훨씬힘든 일이로다
팔만사천 법문들과 십이부(十二部)의 경전들을

남김없이 받아 지녀 두루 널리 설법하고
이를 듣는 중생 모두 육신통을 다 얻도록
교화하고 인도함은 어려운 일 아니지만
내 멸도 후 어떤 이가 법화경을 받아 지녀
깊은 이치 묻는다면 이게 훨씬 어렵도다
어떤 이가 설법하여 항하 모래 만큼 많은
천만억의 무량 중생 아라한이 되게 하고
육신통을 얻게 함은 어려운 일 아니지만
내 멸도 후 어떤 이가 법화경을 능히 받아
잘 받들고 지닌다면 이는 실로 어렵도다
나는 불도(佛道) 위하기에 한량없는 국토에서
처음부터 지금까지 많은 경전 설했으나
그 가운데 법화경이 참되고도 제일이니
능히 받아 지닌다면 부처님 몸 지님일세
선남자여 내 멸도 후 법화경을 수지하여
읽고 쓰고 외우고자 하는 이가 있을지면
지금 바로 내 앞에서 분명하게 맹세하라
이 경 갖기 어렵나니 잠시라도 수지하면

내가 몹시 기뻐하고 제불들도 기뻐한다
이 사람은 제불들이 틀림없이 칭찬하니
이것이 곧 용맹이요 이것이 곧 정진이며
이 이름이 지계이고 두타행을 닦음이니
無上佛
가장 높은 무상불을 더욱 빨리 이루노라
미래 오는 세상에서 법화경을 수지하면
이 사람은 참불자로 좋은 땅에 머무르고
부처님이 멸도한 뒤 법화경 뜻 이해하면
世間眼
모든 천인 인간들의 세간안이 될 것이니
공포 많은 세상에서 잠깐 동안 설하여라
일체 천인 인간들이 모두 와서 공양한다

제12 제바달다품
第十二 提婆達多品

그때 부처님께서 모든 보살과 천인과 인간과 사부대중에게 이르셨다.

"나는 과거 한량없는 겁 동안 법화경을 구함에 있어 조금도 싫증을 냄이 없었느니라. 많은 겁 동안 국왕으로 있었을 때에도 위없는 깨달음을 구하겠다는 서원을 세워 물러난 적이 없었으며, 육바라밀(六波羅蜜)을 성취하기 위해 부지런히 보시를 행하였느니라. 그때 코끼리·말·칠보·왕국·궁성·처자·노비·종 등은 물론이요, 머리·눈·골수·몸·손·발, 심지어는 목숨까지도 아까워하는 마음없이 보시하였느니라.

당시 사람들의 수명은 매우 길어 한량이 없었는데, 왕은 법을 구하기 위해 왕위를 태자에게 물려주고, 북을 크게 치며 사방에 영을 내렸느니라.

'누구든 나에게 대승법(大乘法)을 설해 주면, 그를 평생 동안 받들어 모시며 시중을 들리라.'

그때 한 선인(仙人)이 와서 왕에게 말했느니라.

'나에게 대승법이 있으니 이름이 묘법연화경입니다. 만일 내 뜻을 거스르지 않고 섬긴다면 설하여 주리다.'

왕은 선인의 말을 듣고 뛸 듯이 기뻐하며 그를 따라가서, 받들어 모시면서 필요한 것을 공급해 주었느니라. 과일을 따고, 물을 긷고, 땔감을 준비하여 밥을 짓고, 심지어는 몸으로 앉는 의자를 대신하면서도 조금도 싫어하지 않았느니라. 이렇게 섬기기를 1천 년 동안 하였으나, 법을 구하였던 까닭에 부지런히 모시고 부족함이 없게 하였느니라."

세존께서 거듭 게송으로 이르셨다.

내 과거겁 생각하니 대승법을 구하고자
비록 국왕 되었지만 오욕락(五欲樂)을 탐착 않고
북을 치며 사방으로 구법(求法)의 뜻 전했노라
'그 누구든 나를 위해 대승법을 설해주면
평생 동안 종이 되어 지성 다해 섬기리라'
바로 그때 아사(阿私)선인 왕에게 와 말했노라
'내가 지닌 미묘한 법 세간에는 다시 없다
만일 이 법 닦겠다면 그대 위해 설하리라'
선인의 말 들은 왕은 그지없이 기뻐하며
그 선인을 따라가서 필요한 것 공급하되
나물 캐고 나무하고 과일 따고 밥 지으며
어느 시간 할것 없이 부지런히 섬겼어도
미묘법에 뜻을 두니 몸과 마음 편했도다
모든 중생 위하여서 대승법을 구함일 뿐
내 한몸의 오욕락을 위한 것이 아니기에
큰나라 왕 되어서도 법을 널리 구하였고

성불하여 너희위해 설법하게 되었도다

부처님께서 비구들에게 이르셨다.

"그때의 왕은 지금의 나요, 그때의 선인은 지금의 제바달다(提婆達多)이니라. 제바달다라는 선지식(善知識)이 있었기에, 나는 육바라밀과 자비희사(慈悲喜捨), 삼십이상(三十二相)과 팔십종호(八十種好)를 갖춘 자금색(紫金色)의 몸, 십력(十力)·사무소외(四無所畏)·사섭법(四攝法)·십팔불공법(十八不共法)·신통력·도력(道力) 등을 갖추게 되었고, 위없는 바른 깨달음을 이루어서 중생들을 널리 제도할 수 있었나니, 이 모두가 제바달다라는 선지식으로 인해 가능할 수 있었느니라.

사부대중에게 이르노라. 제바달다는 미래세의 한량없는 겁을 지난 뒤에 반드시 성불하리니, 이름은 천왕(天王)여래·응공·정변지·명행족·선서·세간해·무상사·조어장부·천인사·불세존이요, 그 세계의 이름은 천도(天道)라고 할 것이니라. 이 천왕불은 20중겁 동안 세상에 머물면서 중생들에게 널리 미묘한 법을 설하리니, 그때 항하사만큼 많은 중생이 아라한과(阿羅漢果)를 얻게되며, 한량없는 중생이 연각심(緣覺心)을 발하고 무생법인(無生法忍)을 얻어 불퇴전의 경지에 이르게 되느니라.

천왕불이 열반에 든 뒤에 정법(正法)은 20중겁(中劫)동안 세상에 머무르고, 사람들은 전신사리(全身舍利)로 높이 60유순에 둘레 40유순이 되는 칠보탑을 세우게 되느니라. 그때 모든 천인과 인간이 모여들어 갖가지 꽃과 가루 향과 사르는 향과 바르는 향, 옷·영락·깃발·천개·기악·노래 등으로 칠보탑에 공양하고 예배하여, 한량없는 중생이 아라한과를 얻거나 벽지불이 되며, 불가사의할 정도로 많은 중생들이 보리심을 발하여 불퇴전의 경지에 이르게 되느니라."

부처님께서 비구들에게 이르셨다.

"미래세의 선남자 선여인이 묘법연화경의

제바달다품을 듣고 깨끗한 마음으로 믿고 공경하여 의혹을 품지 않게 되면, 지옥·아귀·축생에 떨어지지 않음은 물론이요, 시방의 부처님 처소에 나되 태어나는 곳마다 늘 이 법화경을 듣게 되느니라. 또 인간 세상이나 천상에 나면 훌륭하고 묘한 즐거움을 얻게 되며, 부처님 앞에 나면 연꽃 위에 홀연히 태어나는 연화화생(蓮華化生)을 하게 되느니라."

그때 하방세계에서 다보여래를 따라 온 지적(智積)이라는 보살이 있었다. 그가 다보불께 인사하고 본국으로 돌아가려 하자, 석가모니불께서 지적보살에게 이르셨다.

"선남자야, 잠깐 기다려라. 여기에 문수사리(文殊師利)라는 보살이 있으니, 만나서 묘법(妙法)을 논한 다음에 본국으로 돌아가거라."

그때 문수사리보살은 큰 수레바퀴만한 1천 잎의 연꽃 위에 앉아 있었고, 동행한 보살들 또한 보배 연꽃 위에 앉아 있었다. 그들은 큰 바다 속의 사갈라용궁(娑竭羅龍宮)으로부터 솟아올라, 허공에 뜬 채 영축산(靈鷲山)으로 와서 연꽃에서 내렸다. 그리고 두 분 부처님 앞에 이르러, 발에 머리를 대고 공손히 예배드린 다음, 지적보살에게 가서 서로 인사하고 한쪽으로 물러나 앉았다.

지적보살이 문수사리보살에게 여쭈었다.

"인자(仁者)시여, 용궁에 가서 교화한 중생의 수가 얼마나 됩니까?"

문수사리보살이 답하였다.

"그 수가 무량하여 다 말할 수 없고, 마음으로도 다 헤아릴 수가 없습니다. 잠시만 기다리십시오. 저절로 알게 될 것입니다."

이 말이 채 끝나기도 전에 보배 연꽃 위에 앉은 무수히 많은 보살들이 바다로부터 솟아올라 영축산으로 와서 허공에 머물렀는데, 이 모든 보살은 문수사리보살이 교화하고 제도한 이들이었다. 그들 중 이전에 보살행을 닦은 이들은 육바라밀을 설하였고, 이전에 성문이었던 보살은 허공에서 성문의 수행법에 대해 설하였는데, 지금 모두가 대승(大乘)과 공(空)의 이치를 잘 알고 수행하는 이들이었다.

문수사리보살이 지적보살에게 말하였다.

"내가 바다에서 교화한 것이 이와 같습니다."

지적보살이 게송으로 찬탄하였다.

큰지혜와　큰위덕과　위대하신　용맹으로
무량중생　교화함을　대중에게　보이시며
실상(實相)의뜻　설하시고　일승법을　열어보여
널리중생　제도하고　보리(菩提)얻게　하십니다

문수사리보살이 말하였다.

"나는 바다 속에서 오직 묘법연화경만을 설했습니다."

지적보살이 문수사리보살에게 여쭈었다.

"이 경은 매우 깊고 미묘하여 모든 경들 가운데 보배요, 세상에서 보기가 매우 어렵습니다. 만일 중생이 이 경에 의지해서 부지런히 정진하고 닦는다면 속히 성불할 수 있겠습니까?"

"있습니다. 사갈라 용왕의 딸은 이제 겨우 여덟 살인데, 지혜롭고 영리하여 중생들의 근기와 행(行)과 업(業)을 잘 알고 있습니다. 또 다라니(陀羅尼)를 얻어서 부처님들께서 설하신 깊고 비밀스러운 가르침〔秘藏(비장)〕을 다 받아 지녔으며, 깊은 선정에 들어 모든 법을 다 요달하였고, 찰나 사이에 보리심을 일으켜 불퇴전에 이르렀습니다. 말솜씨가 걸림이 없고, 중생을 사랑하기를 마치 어린자식 생각하듯 합니다. 또 공덕이 다 갖추어져 마음으로 생각하고 입으로 설하는 바가 미묘하고 광대하고, 자비롭고 어질고 겸손하며, 뜻이 온화하고 고상하여 능히 바른 깨달음에 이를 수 있었습니다."

이에 지적보살이 말하였다.

“제가 알기로, 석가여래께서는 한량없는 겁 동안 힘들고 괴로운 수행〔難行苦行(난행고행)〕을 하여 공을 쌓고 덕을 쌓았으며, 보리도(菩提道)를 구하기를 잠시도 쉬지 않았습니다. 삼천대천세계를 살펴보면 석가 보살이 중생을 위해 몸과 목숨을 버리지 않은 곳이라고는 겨자씨만큼도 찾아볼 수 없습니다. 이렇게 하신 뒤에야 보리도를 성취하셨는데, 용녀가 잠깐 동안에 정각(正覺)을 이루었다고 하시니 믿지 못하겠습니다.”

이 말이 채 끝나기도 전에 용왕의 딸이 홀연히 그 자리에 나타나 머리 숙여 예배하고, 한쪽으로 물러나 게송으로 찬탄하였다.

죄와 복을 통달하고 시방(十方) 두루 비추시고
미묘하온 청정법신 삼십이상 갖췄으며
팔십가지 모습으로 그 법신을 장엄하니
천인 인간 다 받들고 용과 신이 공경하며

일체 세간 중생 모두 한결같은 마음으로
거룩하고 높은 분을 정성 다해 받드나니
깨달음을 이루는일 부처님만 아십니다
저도이제 대승법을 이 세상에 널리 펴서
괴로움속 빠진 중생 남김없이 건지리다

그때 사리불(舍利弗)이 용녀에게 이르셨다.

“네가 오래지 않아 위없는 도〔無上道〕를 얻는다 하나, 아무래도 그 말을 믿기가 어렵구나. 왜냐하면 여인의 몸은 더러워 법기(法器)가 될 수 없기 때문이다. 그런데 어떻게 무상보리를 얻을 것인가? 게다가 부처님 되는 길은 멀고도 아득해서, 무량겁 동안 부지런히 고행을 하면서 갖가지 바라밀행(波羅蜜行)을 갖추어 닦은 연후에야 비로소 이룰 수 있는 것이다.

또 여인의 몸으로는 다섯 가지 장애〔五障〕가 있으니, 첫째는 범천왕(梵天王)이 되지 못하고, 둘째는 제석천(帝釋天)이, 셋째는 마왕(魔王), 넷째는 전륜성왕(轉輪聖王),

다섯째는 불신(佛身)을 이룰 수가 없다. 그러니 어찌 여인의 몸으로 속히 성불할 수 있겠는가?"

그때 용녀는 한 개의 보배구슬을 가지고 있었는데, 그 가치가 삼천대천세계만 하였다. 그것을 부처님께 바치자 부처님께서는 바로 받으셨다. 그러자 용녀가 지적보살과 사리불 존자에게 여쭈었다.

"제가 보배구슬을 바치자 부처님께서는 곧 바로 받으셨나이다. 어떻습니까? 지금 이 일은 잠깐 사이에 일어난 일입니까?"

"그렇다. 아주 잠깐 사이로다."

"제가 신통력으로 성불하는 것을 보십시오. 이보다 더 빠를 것입니다."

그 자리에 있던 대중들이 용녀를 보니, 잠깐 사이에 홀연히 남자로 변하여 보살행을 갖춘 다음, 남쪽의 무구세계(無垢世界)로 가서 보배 연꽃 위에 앉아 등정각(等正覺)을 이루고는, 삼십이상과 팔십종호를 갖추고 시방의 모든 중생들을 위해 널리 묘한 법을 설하는 것이었다.

이에 사바세계의 보살과 성문과 천룡팔부신(天龍八部神)과 인비인(人非人) 등은, 용녀가 성불하여 그 자리에 함께한 천인과 인간들에게 널리 법을 설하는 것을 멀리서 보며 크게 기뻐하고 공경하고 예배하였다. 또 한량없는 중생들이 이 법문을 듣고 깨달아 불퇴전의 경지에 이르렀고, 한량없는 중생이 성불하리라는 수기를 받았으며, 무구세계가 여섯 가지로 진동하였다.

또 사바세계의 3천 중생들은 불퇴전의 경지에 머물게 되었고, 3천 중생들은 보리심을 일으켜 수기를 받았으며, 지적보살과 사리불과 법회에 참여한 대중들 모두는 묵묵히 믿고 받아들였다.

제13 지품
第十三 持品

藥王菩薩摩訶薩　大樂說菩薩摩訶薩
그때 약왕보살마하살과 대요설보살마하살은 권속 2만 보살들과 함께 세존께 맹세하였다.

"오직 원하옵나니 세존이시여, 심려하지 마옵소서. 부처님께서 열반에 드신 뒤에 저희는 반드시 법화경을 받들어 지니고 읽고 설하겠나이다. 뒷날 악한 세상의 중생들은 선근이
增上慢
점점 줄어들고 잘난 체하는 증상만이 늘어나, 이익과 공양을 탐하고 착하지 않은 일만 하여, 해탈과 멀어지고 교화하기 어려워질지라도, 저희는 큰 인내를 발휘하여 이 법화경을 독송하고 수지하고 설하고 사경하고 갖가지

로 공양하되, 몸과 목숨을 아끼지 않겠나이다."

그때 수기를 얻은 5백 아라한들도 부처님께 아뢰었다.

"세존이시여, 저희 또한 다른 국토에서 이 법화경을 널리 설할 것을 서원하옵니다."

또 수기를 얻은 유학(有學)과 무학(無學) 비구 8천명도 자리에서 일어나 합장하고 부처님께 맹세하였다.

"세존이시여, 저희들도 다른 국토에서 이 법화경을 널리 설하겠나이다. 왜냐하면 사바세계 사람들 대부분이 악하고 증상만이 강하고 공덕이 천박하고 성을 잘 내고 마음이 혼탁하고 아첨을 잘하고 진실 되지 않기 때문입니다."

이때 세존의 이모인 교담미(憍曇彌) 마하파사파제(摩訶波闍波提) 비구니는 유학의 비구니와 무학의 비구니 6천 명과 함께 자리에서 일어나 일심으로 합장한 채 잠시도 한눈을 팔지 않고 부처님의 존안을 우러러 보았다. 이에 세존께서 교담미에게 이르셨다.

“어찌하여 그토록 근심스러운 얼굴로 여래를 보느냐? 내가 그대의 이름을 따로 말하여 아뇩다라삼먁삼보리를 얻으리라는 수기를 주지 않을까 걱정하는 것이냐? 교담미여, 나는 이미 모든 성문들에게 다 수기를 주었느니라. 지금 그대의 수기 사실을 자세히 알고 싶어 한다면 설하여 주겠노라.

그대는 미래세 6만 8천억 부처님의 법 가운데서 대법사가 될 것이요, 이 6천 명의 비구니들도 다 함께 법사가 될 것이다. 이렇게 하여 점차로 보살도를 다 갖추어 반드시 성불하리니, 이름은 일체중생희견(一切衆生喜見)여래·응공·정변지·명행족·선서·세간해·무상사·조어장부·천인사·불세존이니라. 교담미여, 이 일체중생희견불과 6천 보살들은 차례로 수기하고 차례로 아뇩다라삼먁삼보리를 얻게 되느니라.”

이때 라후라(羅睺羅)의 어머니인 야수다라(耶輸陀羅) 비구니는 생각하였다.

‘부처님께서 수기하실 때 왜 내 이름만은 언급하지 않는 것일까?’

부처님께서 야수다라에게 이르셨다.

“그대는 장차 백천만억 부처님의 법 가운데서 보살행을 닦아 대법사가 되어 점차로 불도를 이룬 뒤에 훌륭한 국토에서 성불하리니, 이름은 구족천만광상(具足千萬光相)여래·응공·정변지·명행족·선서·세간해·무상사·조어장부·천인사·불세존이요, 수명은 무량아승지겁이니라.”

수기를 얻은 마하파사파제 비구니와 야수다라 비구니는 그 권속들과 함께 매우 기뻐하며 게송으로 아뢰었다.

도사(導師)이신 세존께서 천인 인간 편케 하니

수기 받은 저희들도 마음 편안 하옵니다

비구니들은 다시 부처님께 아뢰었다.

"부처님이시여, 저희들도 다른 국토에서 이 법화경을 널리 설하겠나이다."

그때 부처님께서는 80만억 나유타에 이르는 보살마하살들에게 눈길을 주셨다. 이 보살들은 모두 불퇴전의 경지인 아비발치(阿鞞跋致)에 머물러 법륜을 굴리고, 온갖 다라니를 다 얻은 이들이었다. 그들은 곧 자리에서 일어나 부처님 앞으로 나아가 합장하고 일심으로 생각하였다.

'부처님께서 우리들에게 이 법화경을 받아 지니고 설하라고 분부하시면 부처님의 가르침대로 널리 펴리라.'

그리고는 다시 생각하였다.

'지금 부처님께서 말없이 계실 뿐 분부하지 않으시니, 우리는 어떻게 해야 하는가?'

마침내 보살들은 공손하게 부처님의 뜻을 따름과 동시에 자신들의 본래 서원을 원만히 이루고자 부처님 앞에서 사자후(獅子吼)로 맹세하였다.

"부처님이시여, 저희들은 여래께서 열반에 드신 뒤에 시방세계를 두루 돌아다니며 중생들로 하여금 이 법화경을 사경하고 수지독송하고 그 뜻을 해설하겠으며, 법대로 수행하고 잘 기억하여 잊지 않겠나이다. 이 모두는 부처님의 위신력이오니, 바라옵건대 부처님께서는 다른 국토에 계실지라도 멀리서 보시옵고 수호하여 주옵소서."

보살들은 함께 게송을 아뢰었다.

멸도뒤의 두렵고도 악한세상 머무르며
저희이경 설하리니 염려하지 마옵소서
지혜없는 사람들이 나쁜말로 욕을하고
칼몽둥이 휘둘러도 저희능히 참으리다

惡世
악세 비구 삿되고도 간사스런 마음으로
못이룬것 증득했다 거짓되이 말하면서
나 잘났다 우쭐대며 아만심을 부리오니
고요한곳 있으면서 누더기 옷 걸쳐 입고
참된 도를 행한다며 떠들면서 선전하고
다른사람 무시하고 재물 이익 탐착하며
세속에서 살고 있는 이들에게 설법하여
신통이룬 나한처럼 세상 공경 받나이다
이런 이들 마음 악해 세속 일만 생각하고
뒤에 숨어 거짓으로 저희 허물 말합니다
이 비구들 하나 같이 재물이익 탐하면서
외도 학설 연구한 뒤 제 스스로 경전 지어
세상 사람 현혹하고 이름 명예 구하면서
법화경을 해설하고 널리 편다 하옵니다
또한 우리 비방코자 대중 속에 머무르며
국왕 대신 바라문과 거사들과 비구에게
저희들을 비방하되 '삿된 견해 지닌 이가
외도들의 가르침을 설한다'고 하옵니다

그렇지만 저희들은 세존 공경 하옵기에
이와 같은 비방들을 능히 참을 것입니다
또한 저희 경멸하여 '그대 모두 부처이다'
빈정대며 말하여도 싫다 않고 참으리다
두려웁기 그지없는 탁한 겁의 세상에서
악한 귀신 몸에 들어 꾸짖으며 욕을 해도
부처님을 믿는 우리 법화경을 설하고자
인욕이란 갑옷 입고 어려운 일 잘 참으며
몸과 목숨 모두 바쳐 무상도(無上道)를 아끼면서
미래 세상 어디서든 세존 분부 지키리다
두렵고도 탁한 세상 야차 같은 악비구(惡比丘)가
근기 따라 설법하는 부처 방편 알지 못해
가지가지 욕설들과 비아냥을 내뱉으며
우리더러 '탑과 절을 떠나가라' 내쫓아도
부처님의 분부하심 명심하고 생각하여
이와 같은 온갖 수모 능히 참아 내오리다
시골 도시 할 것없이 법 구하는 이 있으면
어디든지 찾아가서 법화경을 설하리다

使者

우리들은 세존사자 대중속에 머물면서
두려움이 전혀없는 좋은설법 하오리니
바라건대 여래시여 아무걱정 마옵소서
여기계신 시방불과 석가모니 부처님은
이와같이 서원하는 저희마음 잘아시리

제14 안락행품
第十四 安樂行品

文殊師利 法王子 菩薩摩訶薩
그때 문수사리 법왕자 보살마하살이 부처님께 여쭈었다.

"부처님이시여, 부처님을 존경하고 따르는 보살들도 미래의 악한 세상에서 이 법화경을 지키고 보호하고 읽고 설하겠다〔護持讀說(호지독설)〕는 큰 서원을 일으킴은 심히 어려운 일이옵니다. 부처님이시여, 보살마하살은 미래의 악한 세상에서 이 법화경을 어떻게 설해야 하옵니까?"

부처님께서 문수사리보살에게 이르셨다.

"보살마하살이 미래의 악한 세상에서 법화경을 설할 때에는 반드시 네 가지 법에 안주(安住)해야 하느니라."

첫째는 보살의 행할 것〔行處〕과 친근해야 할 것〔親近處〕에 잘 머무른 다음에 중생들에게 법화경을 설해야 하느니라.

문수사리여, 어떤 것을 일러 보살마하살의 행할 것〔行處〕이라고 하는가?

인욕의 경지에 머물러 늘 부드럽고 평화롭고 착하고 순할 뿐〔柔和善順〕, 갑자기 난폭해지거나 놀라지 아니하며,

어떤 것에 대해서도 집착함이 없이 모든 것의 참모습〔如實相〕을 잘 관조하고,

그 모든 것에 대해 함부로 생각하거나 분별하지 않는 것을 일러 '보살마하살의 행할 것〔行處〕'이라 하느니라.

어떤 것을 일러 보살마하살이 친근히 해야 할 것〔親近處〕이라고 하는가?

보살마하살은 국왕·왕자·대신·관리 등을 가까이하지 말아야 하고, 일체 외도와 바라문과 극단적인 고행주의자, 속된 글을 쓰거나

외도의 서적을 찬양하는 자, 극단적인 쾌락주의자와 염세주의자는 가까이하지 말아야 하느니라.

또한 모든 나쁜 놀이와 격투와 씨름, 유흥장에서 즐기는 갖가지 변덕스러운 놀이들을 가까이하지 말아야 하고, 천하게 행동하는 자와 돼지·양·닭·개를 도살하거나 생업과 관계없이 사냥을 하고 물고기를 잡는 등의 갖가지 악한 행위를 하는 자는 가까이하지 말아야 하느니라. 만일 이와 같은 자들이 찾아오거든 그들을 위해 설법은 하되 아무것도 바라지 말라.

또 성문도(聲聞道)를 구하는 비구·비구니·우바새·우바이를 가까이하거나 방문하지 말고, 그들의 방이나 경행하는 곳이나 강당에서 함께 머물지 말며, 혹 찾아오거든 근기에 따라 설법은 하되 아무것도 구하지 말지니라.

문수사리야, 또한 보살마하살은 여인의 몸

에 대해 애욕을 품은 채 설법을 하여서는 아니 되며, 여인 보기를 좋아하지도 말라. 남의 집에 가더라도 젊은 여인이나 처녀·과부 등에게 먼저 이야기하지 말며, 다섯 종류 성불구자인 오종불남(五種不男)도 가까이하지 말지니라. 혼자서는 다른 사람의 집에 들어가지 말지니, 만일 까닭이 있어 혼자 들어가게 되었을 때는 일심으로 부처님을 생각할지니라. 만일 여인에게 설법을 하게 되거든 치아를 드러내고 웃거나 가슴을 드러내어 보이지 말라. 법을 위함이라 할지라도 깊이 친하지 말아야 하거늘, 다른 일이야 말할 것이 있겠느냐?

나이 어린 제자와 사미(沙彌)와 어린아이 기르기를 좋아하지 말고, 그들과 함께 한 스승을 섬기는 것도 좋아하지 말라.

이상이 가까이하지 말아야 할 것이며 친근해야 할 것은 다음과 같으니라.

늘 좌선하기를 좋아하고 한적한 곳에서 마

음 닦기를 즐겨야 하나니〔修攝其心〕, 문수사리야, 이를 일러 '첫 번째 친근처(親近處)'라 하느니라.

또 보살마하살은 모든 것의 진실한 모습이 공(空)임을 관찰하기 때문에, 전도(顚倒)되지도 않고 동요하지도 않고 물러서지도 않고 옮겨가지도 않느니라〔不顚倒 不動 不退 不轉〕. 마치 허공과 같아서 일정한 성품이 없기 때문에 언어로 표현할 수 없을뿐더러, 생기지도 않고 나오지도 않고 일어나지도 않으며〔不生 不出 不起〕, 이름도 없고 모양도 없고 실제로 소유할 수도 없으며, 한량없고 끝도 없고 걸림도 없고 막힘도 없지만, 오직 인연으로 인해 있게 되고 전도된 생각에 의해 생겨나는 것이라고 관찰해야 하느니라.

이와 같이 법의 모습을 항상 즐겨 관(觀)하는 것〔常樂觀如是法相〕이 보살마하살이 '두 번째로 친근히 해야 할 것〔親近處〕'이니라."

부처님께서는 거듭 게송으로 이르셨다.

만일 어떤 보살 있어 미래 악한 세상에서
자신 있게 법화경을 설하기를 바란다면
행처(行處)들과 친근처(親近處)를 잘 알아야 하느니라
먼저 국왕 왕자 대신 관리들을 비롯하여
나쁜 장난 하는 이와 천한 행동 하는 이와
외도들과 바라문과 속된 이들 멀리하라
자칭 도인 행세하고 소승법에 탐착하여
벗어나지 못하는 이 친근하지 말 것이요
계를 파한 비구들과 이름뿐인 아라한과
잘 웃으며 희롱하기 좋아하는 비구니와
오욕락에 탐착한 채 열반도를 구하려는
우바새와 우바이는 친근하지 말지니라
만일 이런 사람들이 좋은 마음 가지고서
보살 처소 찾아와서 부처의 도 묻거들랑
주저 말고 두려움이 없는 선한 마음으로
그 무엇도 바라잖고 법화경을 설해주라
과부거나 처녀거나 남자답지 못한 이는
가까이에 두지 말고 거리감을 둘 것이며

가축들을 도살하고 사냥하고 고기 잡아
살생으로 이익 보는 사람들도 친근 말고
고기 팔고 여색 팔아 살아가는 사람이나
흉악스런 싸움꾼과 음흉스런 놀이꾼과
婬氣
음기 많은 여인들도 친근하지 말지니라
홀로 외진 곳에서는 여인에게 설법 말며
만일 설법 할지라도 웃지 말고 장난 말라
마을 찾아 걸식할 때 딴 비구와 함께 가고
만일 홀로 가게 되면 일심으로 염불하라
이것이 곧 보살들의 행할 것과 친근할 것
이 두 경계 잘 지키면 안락하게 설법한다
보살들은 뛰어난 법 보통의 법 열등한 법
유위의 법 무위의 법 진실한 법 허망한 법
그 어떠한 법이라도 집착하면 아니 되고
이는 여자 저는 남자 분별해도 아니 된다
모든 법에 집착 않고 앎과 견해 다 놓으면
行處
이를 일러 보살들의 행처라고 칭하노라
이 세상의 모든 것은 본래부터 공하여서

常住
일어남도 상주함도 소멸됨도 없음이니
親近處
이를 바로 아는 것이 지혜인의 친근처다
잘잘못이 뒤바뀌고 분별 많이 하는 이는
모든 것을 있다 없다 진실이다 거짓이다
생겨나지 아니한다 생겨난다 말하지만
고요한 데 머물면서 마음 닦는 보살들은
수미산과 다름없이 편안하게 머무른다
모든 것을 관찰하되 본래 실재 아니함이
마치 텅 빈 허공 같아 견고함과 평등함과
나타남과 움직임과 물러남이 전혀 없는
一相 親近處
일상 속에 머무름을 친근처라 하느니라
내가 열반 보인 뒤에 만일 어떤 비구 있어
행처들과 친근처를 적절하게 지키면서
법화경을 설법하면 두려움이 없느니라
또한 보살 수행할 때 고요한 방 들어가서
法
올바르게 생각하고 이치 따라 법 관한 뒤
선정에서 나와서는 왕과 왕자 신하들과
백성들과 바라문 등 많은 이를 위하여서

법화경을 설해주고 법을열어 교화하면
그마음이 안온하여 두려움이 없느니라
문수사리 보살이여 이를일러 보살들이
법가운데 안주하여 후세사람 위하면서
법화경을 설법하는 첫번째의 법이니라

"또한 문수사리야, 여래가 열반에 든 다음의 말법(末法)세상에서 이 법화경을 설하고자 한다면 마땅히 두 번째 안락행(安樂行)에 머물러야 하느니라.

곧 법화경을 입으로 설하거나 읽을 때는 다른 사람이나 다른 경전의 허물을 말하기를 즐기지 말며,

다른 법사들을 가벼이 여겨 업신여기지 말며,

다른 사람의 잘잘못과 장단점을 말하지 말며,

성문들의 이름을 지적하여 그의 허물을 말

하지도 칭찬하지도 말고 원망하지도 미워하지도 말지니라.

이와 같이 안락한 마음으로 잘 닦아서, 듣는 모든 이의 뜻을 어기지 말 것이며, 누가 어려운 질문을 하더라도 소승법으로 답하지 말고 오직 대승법으로 해설하여 그들로 하여금 일체종지(一切種智)를 얻을 수 있게 해야 하느니라."

세존께서 거듭 게송으로 이르셨다.

보살들아 어느때나 편안하게 설법하라
청정하고 밝은곳에 법의자리 마련하고
맑은물로 목욕하여 더러운때 씻어내고
새옷입어 안과밖을 깨끗하게 만든다음
법상위에 편히앉아 물음따라 설법하라
비구들과 비구니와 우바새와 우바이와
국왕들과 왕자들과 신하들과 백성에게
부드러운 표정으로 미묘한뜻 설해주고
어려운것 질문하면 이치따라 대답하되

인연담과 비유로써 자세하게 설하여라
이와 같은 방편으로 모두 발심 시켜주고
점차 이익 더해주어 불도(佛道) 속에 들게 하라
뜻과 생각 속에 있는 게으름을 제거하고
근심 걱정 멀리 떠나 자비로써 설법하며
위없는 도 밤낮으로 부지런히 항상 설해
여러 가지 인연들과 한량없는 비유로써
중생들을 깨우치고 기쁨 가득 안겨주되
의복이나 침구 좌복 음식들과 약품들을
하나라도 바라거나 얻으려고 하지 말라
이와 같이 일심으로 설법을 한 인연으로
불도(佛道) 성취 하옵기를 지성으로 서원하고
중생들도 불도 성취 하게 되기 바랄지니
이를 일러 큰 이익의 안락공양(安樂供養) 이라 한다
내 멸도 후 법화경을 잘 설하는 비구라면
질투하고 성내거나 번뇌 장애 전혀 없고
그 어떠한 근심이나 걱정들이 없느니라
욕하는 이 또한 없고 두려움도 전혀 없고

칼등으로 해치거나 내쫓는이 없으리니
인욕으로 편안하게 머무르기 때문이다
지혜있는 사람이면 이와같이 마음닦아
내가말한 것과같은 안락행에 머무나니
그사람이 얻는공덕 천만억겁 지나도록
아무리잘 표현해도 다말할수 없느니라

"세 번째로 문수사리야, 법이 사라져가는 후말세(後末世)에 이 법화경을 받아 지니고 읽고 외우는 보살마하살은 질투하거나 아첨하거나 속이려는 마음을 품지 말 것이며, 불도를 배우는 이를 업신여기거나 욕하거나 그의 장단점을 들추어내지 말지니라.

비구·비구니·우바새·우바이 중에 성문의 경지를 구하는 이나 벽지불의 경지를 구하는 이나 보살의 경지를 구하는 이에게, '그대들은 도에서 아주 멀리 떨어져 있어 결코 부처님의 일체종지(一切種智)를 얻지 못한다. 그 까닭이 무엇인가? 게으르고 도를 구하는 데 너무 태만하기 때문이다'라는 등의 말을 하여 그들로 하여금 의심하고 후회하게 만들지 말라. 또 다툴 여지가 있는 법들에 대해 쓸데없이 논하지 말라.

오직 일체 중생들에 대하여 큰 자비심을 일으키고, 부처님들에 대해 자비로운 아버지라는 생각을 일으키며, 보살들에 대해 큰 스승이라는 생각을 일으켜라. 시방의 대보살들을 항상 마음 깊이 공경하고 예배하면서, 일체 중생들에게 평등하게 법을 설하되 법에 맞게 설할 뿐 더 설하지도 덜 설하지도 말며, 법을 깊이 사랑하는 이일지라도 특별히 더 설하지 않아야 하느니라.

문수사리야, 뒷날 법이 멸하려 하는 말세에 이 세 번째 안락행을 성취한 행자는 법화경을 설할 때 번뇌나 시끄러운 일 없이 좋은 도반(道伴)을 만나 함께 이 경을 독송하게 되느니라.

또한 많은 대중이 그의 설법을 들으러 올 것이요, 들은 뒤에는 능히 지닐 것이요, 지닌 뒤에는 외울 것이요, 외운 뒤에는 설할 것이요, 설한 뒤에는 스스로 사경하고 남에게도 쓰게 하면서, 법화경에 대해 공양하고 공경하고 존중하고 찬탄하게 되느니라."

세존께서 거듭 게송으로 이르셨다.

법화경을 설하려면 질투성냄 교만심과
아첨하고 남 속이는 삿된마음 다 버리고
한결같이 성실하게 곧은행을 닦아갈 뿐
다른사람 경멸커나 법에 대해 논쟁 말고
남을향해 성불하지 못한다는 말을하여
의혹속에 빠져들게 하여서도 아니 된다
법화경을 설할 때는 온화하게 능히 참고
자비심을 일으켜서 부지런히 교화하라
'중생들이 가엽다'며 시방세계 다니면서
도행하는 대보살을 대법사로 생각하고

부처님을 으뜸가는 아버지로 여기면서
교만심을 쳐부수고 거침없이 설법하라
세 번째 법 이러하니 지혜 있는 사람들이
굳게 지켜 일심으로 안락하게 행할지면
한량없는 중생들이 공경하고 받드노라

"네 번째는 문수사리야, 법이 사라져가는 후말세에 이 법화경을 받아 지니는 보살은 재가 출가불자에게 대자비심을 일으킬 뿐 아니라, 불자가 아닌 이들에게도 대자비심을 품고 이렇게 생각해야 하느니라.

'이들은 큰 과오를 범하고 있다. 여래께서 방편으로 근기에 따라 설법하신 것을 듣지도 못하고 알지도 못하고, 깨닫지도 못하고 묻지도 못하고, 믿지도 못하고 이해하지도 못하고 있다. 이들이 비록 이 법화경에 대해 묻지도 못하고 믿지도 못하고 이해하지도 못하고 있으나, 내가 아뇩다라삼먁삼보리를 얻게 되면

그들이 어디에 있든 신통력과 지혜의 힘으로 이끌어서 이 법 가운데 머무르게 하리라.'

문수사리야, 여래가 열반에 든 뒤에 이 네 번째 법을 성취한 보살마하살은 이 경을 설할 때 허물을 범하지 않게 되나니, 비구·비구니·우바새·우바이·국왕·왕자·대신·백성·바라문·거사 등이 언제나 공양하고 공경하고 존중하고 찬탄하느니라. 또 허공의 천인들도 법을 듣기 위해 늘 따라다니며 모시느니라.

만일 시골이나 도시나 한적한 숲 속에 있을 때 어떤 사람이 찾아와 트집을 잡거나 비난을 할지라도, 천인들이 밤낮으로 수호하여 듣는 이들을 환희롭게 하나니, 과거·현재·미래의 모든 부처님들이 이 법화경을 신통력으로 보호하고 있기 때문이니라.

문수사리야, 저 수많은 국토에서는 법화경의 이름조차 듣기 어렵거늘, 하물며 얻고 보고 수지독송함이랴. 문수사리야, 비유를 들리라.

⑥ 계주유髻珠喩

강력한 전륜성왕이 그의 위엄과 힘으로 여러 나라를 항복시키고자 할 때, 작은 나라의 왕들이 그의 명에 따르지 않게 되면 전륜성왕은 많은 군사를 일으켜 그들을 토벌하느니라.

그때 전륜성왕은 크게 기뻐하면서 전쟁 유공자에게 공에 따라 상을 주되, 논밭이나 집·마을·도시를 주기도 하고, 의복·장신구를 주기도 하고, 갖가지 진귀한 보물인 금·은·유리·자거·마노·산호·호박이나 코끼리·말·수레·노비·백성들을 주기도 하지만, 오직 상투속에 있는 명주(明珠)만은 주지 않느니라. 무슨 까닭인가? 세상에서 전륜성왕의 정수리에만 있는 단 하나의 구슬이므로, 그것을 주면 왕의 권속 모두가 반드시 크게 놀라고 이상하게 여길 것이기 때문이니라.

문수사리야, 여래 또한 이와 같아서, 선정과 지혜의 힘으로 법(法)의 국토를 얻은 삼계(三界)의 왕이지만, 마왕들이 순순히 항복하지 않기 때문에 여래의 어질고 성스러운 장군들이 그들과 싸움을 하게 되느니라. 이때 여래는 환희심으로 여러 가지 경전을 설하여 그들의 마음을 기쁘게 만드나니, 선정·해탈·오근(五根)·오력(五力) 등 갖가지 귀한 법과 열반의 성(城)을 주면서 멸도(滅道)를 얻었음을 일러주어 그들을 인도하고 마음을 크게 환희롭게 만드느니라. 그러나 이 법화경만은 설하지 않느니라.

문수사리야, 저 전륜성왕은 병사들 중에 가장 큰 공을 세운 이를 보고 크게 기뻐하면서도, 오랫동안 상투 속에 감추어 두고 함부로 사람들에게 보여 주지 않았던 그 명주는 나중에야 주느니라.

여래 또한 그와 같나니, 여래는 삼계의 대

법왕이 되어 바른 법으로 일체 중생을 교화하다가, 어질고 훌륭한 군사가 오음마(五陰魔)·번뇌(煩惱)마(魔)·사마(死魔)와 싸워서 삼독을 없애고 마의 그물을 찢어 삼계를 벗어나는 것을 보고 크게 기뻐하면서, 일체 세간에서 믿기 보다는 원망하기가 쉽기 때문에 일찍이 설하지 않았던 이 법화경을 비로소 설하여, 중생들로 하여금 일(一)체지(切智)를 얻게 하느니라.

문수사리야, 이 법화경은 모든 여래의 가르침 중에서 제일의 법문이요, 모든 가르침들 중에서 그 뜻이 가장 깊기 때문에 마지막에 가서야 설하나니, 이는 마치 저 힘센 왕이 오래도록 간직해 왔던 명주를 마지막에 내어 주는 것과 같으니라.

문수사리야, 이 법화경은 제불여래(諸佛如來)가 비밀스럽게 감추어 두었던 법장(法藏)이요 모든 경전 중에 최상의 것이므로, 오래도록 간직한 채 함부로 설하지 아니하다가, 오늘에야 비로소 너희에게 설하는 것이니라."

세존께서 거듭 게송으로 이르셨다.

항상 인욕 실천하고 일체 중생 애민(哀愍)하며
부처님들 찬탄하신 법화경을 설하여라
오는 세상 후말세에 이 경전을 지닌 이여
재가자든 출가자든 보살 여부 가림 없이
자비심을 일으킨 뒤 이와 같이 생각하라
'많은 중생 법화경을 듣지 않고 믿지 못해
큰 과오를 범하지만 내가 불도 이룬 다음
여러 가지 방편으로 이 경전을 설법하여
법화경법 가운데에 머무르게 할 것이다'
비유하여 말하노니 힘이 강한 전륜성왕
전쟁에서 공을 세운 군사에게 상을 주되
코끼리 말 수레 등과 몸을 꾸밀 장신구와
많은 논밭 가옥들과 촌락 성읍 떼어주고
의복 보석 노비 재산 기뻐하며 나눠 준다

또한가장 잘싸우고 어려운일 행한장수
상투속에 감춰뒀던 명주꺼내 상주노라
부처님도 이와같이 모든법의 왕이되어
智慧寶藏
인욕잘해 이룬힘과 지혜보장 활짝열어
대자비로 법에따라 어둔세상 교화할때
고통받던 사람들이 해탈법을 구하고자
여러종류 마군들과 싸우는것 보시고는
이중생들 이끌고자 여러가지 법설하고
큰방편을 두루열어 여러경전 설하다가
그중생들 힘얻었음 확실하게 보게되면
마지막에 그들위해 법화경을 설하시니
전륜왕이 상투풀어 명주꺼내 줌과같다
이법화경 훌륭함이 모든경중 으뜸이라
내가홀로 간직할뿐 보여주지 않았으나
지금바로 때가되어 너희에게 설하노라
내열반에 든다음에 부처님법 구하면서
편안하게 법화경을 설하기를 원하거든
安樂行法
앞서말한 네가지의 안락행법 따르거라

법화경을 읽는 이는 근심 걱정 항상 없고
각종 병환 전혀 없어 얼굴빛이 아름답고
빈궁함과 천박함과 추악함이 없느니라
중생들이 좋아하되 어진 성현 보듯 하며
하늘나라 동자들이 찾아와서 시중 들고
칼 몽둥이 독약들의 해를 입지 않게 되며
만일 누가 욕설하면 욕한 입이 막히노라
두려움이 없기로는 사자왕과 다름없고
그 지혜의 밝은 광명 태양처럼 빛나도다
또한 능히 꿈속에서 묘한 일만 보게 되니
위엄있게 사자좌에 앉아 계신 제불들이
비구들에 둘러싸여 설법하심 볼 것이요
항하 모래 수와 같은 용과 귀신 아수라들
일심으로 합장하고 공경하는 그 속에서
너희들이 그들 위해 설법함을 볼 것이다
또한 금빛 부처님들 한량없는 광명 놓아
일체 세간 모든 것을 남김없이 비추시며
맑고 고운 음성으로 모든 법을 설하시니

사부대중 모두 위해 높은 법을 설하실 때

너희 또한 그 가운데 머무르게 될 것이요

합장하고 일심으로 부처님을 찬탄하고

법을 듣고 환희하여 부처님께 공양하며

다라니와 불퇴지혜(不退智慧) 증득함을 볼 것이다

불도 깊이 깨달은 것 부처님이 아시고서

최정각(最正覺)을 이룬다는 수기주고 설하나니

'선남자야 너는 장차 다가오는 세상에서

한량없는 큰 지혜로 불(佛)의 대도(大道) 얻은 다음

청정하고 크고 넓은 그대 불국 정토에서

대중에게 설법함을 보게 된다' 하시니라

또한 다시 그대들은 산림 속에 들어가서

좋은 법을 닦고 익혀 진실상을 증득하고

깊은 선정 속에 들어 시방불을 친견한다

몸은 모두 금빛이요 백복(百福)으로 장엄하신

시방세계 부처님께 법을 얻어 듣고 나서

남을 위해 설법하는 좋은 꿈들 꾸게 된다

또 꿈속에 왕이 되어 큰 궁전과 권속들과

오욕락을 다 버리고 도량으로 나아가서
보리수의 밑에 놓인 사자좌에 높이 앉아
道
도 구한지 칠일만에 부처 지혜 모두 얻고
위없는 도 성취한 뒤 자리에서 일어나서
사부대중 깨우치는 큰 법륜을 굴리나니
無漏妙法
천만억겁 지나도록 무루묘법 설하여서
한량없는 많은 중생 제도하여 마친 다음
마침내는 최후 맞아 등불들이 다 꺼지고
연기마저 사라지는 참된 열반 들게 된다
뒤에 오는 악세에서 법화경을 설하는 이
얻게 되는 큰 이익과 공덕들은 이 같노라

영험 크고 성취 빠른 각종 사경집 (책 크기 4×6배판)

※ 정성껏 사경하면 큰 가피가 저절로 찾아들고, 업장참회는 물론이요 쉽게 소원을 성취할 수 있습니다. 각 책마다 사경의 방법을 자세하게 설명해 놓았습니다.

광명진언 사경 가로 · 세로쓰기
(1책으로 1080번 사경) 128쪽 5,000원
모든 불보살님의 총주總呪인 광명진언을 사경하면 그 가피력은 이루 다 말할 수 없을 정도입니다. 하루 108번씩 100일 동안 사경을 행하면 우리에게 크나큰 성취를 안겨주고 심중의 소원이 잘 이루어집니다.

반야심경 한글사경 (1책 50번 사경) 116쪽 5,000원
반야심경 한문사경 (1책 50번 사경) 116쪽 5,000원
반야심경을 사경하면 호법신장이 '나'를 지켜주고 공의 도리를 깨달아 평화롭고 안정된 삶이 함께합니다.

아미타경 한글사경 (1책 7번 사경) 116쪽 5,000원
살아 생전에 아미타경을 사경하거나, 부모님을 비롯한 가까운 분이 돌아가셨을 때 이 경을 쓰면 극락왕생이 참으로 가까워집니다.

관음경 한글사경 (1책 5번 사경) 112쪽 5,000원
관음경을 사경하면 가피가 한량이 없고 늘 행복이 함께 합니다. 학업성취 · 건강쾌유 · 자녀의 성공 · 경제문제 등에도 영험이 매우 큽니다.

신묘장구대다라니 사경 (1책 50번 사경) 5,000원
대다라니를 사경하면 관세음보살님과 호법신장들이 '나'와 주위를 지켜주고 소원성취와 동시에, 행복하고 자비심 가득한 마음을 가질 수 있도록 해줍니다.

보현행원품 한글사경 (1책 3번 사경) 120쪽 5,000원
행원품을 사경하면 자리이타의 삶과 업장 참회, 신통 · 지혜 · 복덕 · 자비 등을 빨리 이룰 수 있고 세세생생 불법과 함께 하며 보살도를 성취할 수 있습니다.

부모은중경 사경 (1책 3번 사경) 112쪽 5,000원
부처님께서는 부모님의 은혜를 새기면서 이 경을 쓰게 되면 그 어떤 행보다 큰 공덕이 생겨난다고 하였습니다. 정성 들여 사경하면 뜻하는 바가 이루어집니다.

아미타불 명호사경 (1책으로 5,400번 사경) 160쪽 6,000원
'나무아미타불'과 '아미타불'을 오회염불법에 따라 외우고 쓰는 특별한 명호사경집입니다. 집중력을 더하여, 심중 소원 성취에 큰 도움을 줍니다.

금강경 한글사경 (1책 3번 사경) 144쪽 6,000원
금강경 한문사경 (1책 3번 사경) 144쪽 6,000원
금강경 한문한글사경 (1책 1번 사경) 100쪽 4,000원
요긴하고 으뜸된 경전인 금강경을 사경해 보십시오. 업장소멸과 함께 크나큰 깨달음과 좋은 일들이 저절로 다가옵니다.

법화경 한글사경 (전5책) 권당 5,000원 총 25,000원
법화경을 사경하면 부처님과 대우주법계의 한량없는 가피가 저절로 찾아들어 소원성취 · 영가천도는 물론이요 깨달음과 경제적인 풍요까지 안겨줍니다.

약사경 한글사경 (1책 3번 사경) 112쪽 4,000원
약사경을 사경하면 약사여래의 가피가 저절로 찾아들어, 병환의 쾌차, 집안 평안, 업장소멸을 비롯한 갖가지 소원을 쉽게 성취할 수 있습니다.

천수경 한글사경 (1책 7번 사경) 112쪽 5,000원
천수경을 사경하고 독송하면 천수관음의 가피가 저절로 찾아들어, 업장 및 고난의 소멸과 갖가지 소원을 쉽게 성취할 수 있습니다.

지장경 한글사경 (1책 1번 사경) 144쪽 6,000원
지장경을 사경하고 영가천도는 물론이요, 각종 장애가 저절로 사라지고 심중의 소원이 성취됩니다. 백일 또는 49일 동안의 사경기도를 감히 권해 봅니다.

화엄경약찬게 사경 (1책 12번 사경) 112쪽 5,000원
화엄경약찬게를 쓰면 화엄경 한 편을 읽는 것과 같은 공덕이 생긴다고 하였습니다. 약찬게를 써 보십시오. 수많은 가피가 함께 찾아듭니다.

천지팔양신주경 사경 (1책 3번 사경) 112쪽 5,000원
옛부터 건축 · 결혼 · 출산 · 사업 · 죽음 등 평생의 삶 중에서 중요한 때마다 읽고 쓰면 크게 길하고 이롭고 장수하고 복덕을 갖추게 된다고 전해지고 있습니다.

보왕삼매론 사경 (1책으로 27번 사경) 120쪽 5,000원
삶의 문제들을 지혜롭게 해결하는 방법을 제시한 보왕삼매론을 사경하면 생활 속의 걸림돌이 디딤돌로 바뀌고 고난이 사라져 편안하고 행복해집니다.

관세음보살 명호사경 (1책으로 5천4백번 사경) 108쪽 5,000원
지장보살 명호사경 (1책으로 5천번 사경) 108쪽 5,000원
'관세음보살'이나 '지장보살'의 명호를 쓰면서 입으로 외우고 마음에 새기면, 관세음보살님과 지장보살님의 가피를 입어 몸과 마음이 큰 변화를 이루고, 마음속의 원을 능히 성취할 수 있습니다.

편역자 김현준 金鉉埈

동국대학교 대학원에서 불교학을 전공하고, 한국학중앙연구원에서 한국불교를 연구하였으며, 우리문화연구원 원장과 성보문화재연구원 원장을 역임하였다. 현재 불교신행연구원 원장, 월간 「법공양」 발행인 겸 편집인, 효림출판사와 새벽숲출판사의 주필 및 고문으로 활동하고 있다.

저서로는 『사찰, 그 속에 깃든 의미』·『생활 속의 반야심경』·『생활 속의 천수경』·『생활 속의 보왕삼매론』·『예불문, 그 속에 깃든 의미』·『육바라밀』·『사성제와 팔정도』·『삼법인·중도』·『인연법』·『사섭법』·『광명진언 기도법』·『신묘장구대다라니 기도법』·『참회·참회기도법』·『불교의 자녀사랑 기도법』·『기도성취 백팔문답』·『참회와 사랑의 기도법』·『미타신앙·미타기도법』·『관음신앙·관음기도법』·『지장신앙·지장기도법』·『석가 우리들의 부처님』·『참 생명을 찾는 경봉스님 가르침』·『선수행의 길잡이』·『아! 일타큰스님』·『바보가 되거라』 등이 있다.

『자비도량참법』·『약사경』·『지장경』·『육조단경』·『보현행원품』·『부모은중경』을 한글로 번역하였으며, 〈원효의 참회사상〉 등 다수의 논문이 있다.

법화경 한글 사경 3 (무선제본)

초 판 1쇄 펴낸날 2015년 05월 15일
18쇄 펴낸날 2025년 07월 25일

옮긴이 김현준
펴낸이 김연수
펴낸곳 새벽숲
등록일 2009년 12월 28일 (제321-2009-000242호)
주 소 서울특별시 서초구 반포대로14길 30, 907호 (서초동, 센츄리I)
전 화 02-582-6612, 587-6612
팩 스 02-586-9078
이메일 hyorim@nate.com

값 5,000 원

ISBN 978-89-969626-6-3 04220
978-89-969626-3-2 04220 (세트)

새벽숲은 효림출판사의 자매회사입니다 (새벽숲은 曉林의 한글풀이).
잘못 만들어진 책은 바꾸어 드립니다.